novum pocket

AF162671

Heidi Rist

Tau für die Seele

Christliche Gedichte

novum pocket

Bibliografische Information
der Deutschen Nationalbibliothek:

Die Deutsche Nationalbibliothek
verzeichnet diese Publikation in der
Deutschen Nationalbibliografie.
Detaillierte bibliografische Daten
sind im Internet über
http://www.d-nb.de abrufbar.

Alle Rechte der Verbreitung, auch
durch Film, Funk und Fernsehen, fotomechanische Wiedergabe, Tonträger, elektronische
Datenträger und auszugsweisen
Nachdruck, sind vorbehalten.

Gedruckt in der Europäischen Union
auf umweltfreundlichem, chlor- und
säurefrei gebleichtem Papier.

© 2023 novum Verlag

ISBN 978-3-903382-99-2
Umschlagfoto: Jose Antonio
Sanchez Reyes | Dreamstime.com
Umschlaggestaltung, Layout & Satz:
novum Verlag
Innenabbildungen: Heidi Rist

Die von der Autorin zur Verfügung
gestellten Abbildungen wurden in
der bestmöglichen Qualität gedruckt.

www.novumverlag.com

INHALTSVERZEICHNIS

Vorwort	9
Herr ich möcht in deine Augen seh'n	11
Die Sehnsucht in mir	13
Jetzt	14
Was sagen uns die Wunder Jesu?	15
Wer ist Jesus?	18
Gott ist da	20
Was wir glauben	22
Demut	23
Christ sein	24
Reichtum	26
Sei gewiss	28
Ich mache alles neu	30
Daniel in der Löwengrube	31
Vertrauen	36
Der barmherzige Samariter	37
Die Hochzeit zu Kanaan	41
Zachäus	45
Die Emmausjünger	49
Die „Ich bin"-Wünsche	53
Wahre Freude	57
Am Teich Bethesda	59
Der verlorene Sohn	63
Die Arbeiter im Weinberg	69
Fürchte dich nicht	74
Liebe	75
Danke Herr	77
Aus Klein wird Groß	79
Bileam	81

Das Kreuz	88
Das Lamm	90
David und Goliath	93
Durch Christus	98
Die Arche	99
Gebote	106
Gideon	108
Gideon Teil 2	114
Gnade ist …	119
Gottes Kind	121
Ich bin bei dir	123
Jona	124
Ohne Gnade?	130
Ostern	131
Wachstum	137
Zeit	140
Ein Gänseblümchen	141
Wasser	143
Herr Jesus, dein „Es ist vollbracht"	145
Corona	147
Der Fischzug des Petrus	148
Ein Wunsch für dich	152
Du hast die Wahl	153
Wüstenzeiten	155
Der Geist der Veränderung	157
Der Anker	159
Entrückung	161
Gott das Herz hinhalten	163
Das Fest	165
Die Waffenrüstung Gottes	169
Stille	172
Schuld	173

Gebet	174
Wer ist der wahre Gott	176
Angst	181
Jahreswechsel	183
Die Plagen	184
Das Zeichen des Fisches	189
Wie sieht mich Gott	191
Gottes Kind	192
Die Farben des Regenbogens	194
Selig ist …	196
Gleichnisse und Wunder Jesu	199
Ein Diamant	202
Ruth	204
In Gottes Hand	210
Jesu Liebe	211
Gottes „Ich will"	213
Wegen dir	215
Frucht des Geistes	217
Glaubst du das?	219
Dennoch	221
Segne mich	223
Das „aber" Gottes	224
Gottes Haus	226
Komm und sieh	227
Gefäß Gottes	229
Vergebung	230
Erlebnisse eines Esels	231
Gottes Treue	235
Jesus kann	236
Festhalten	237
Adventskerzen	239
Psalm 121	240

Auferstanden	241
Sehnsucht	242
Der gute Hirte	243
Ich will vertrauen	245
Das Handwerk des Christen	246
Jesu Liebe	247
Gottes Wort	248
Die Fürsorge Gottes	249
Über dieses Buch	251

Vorwort

Stellen Sie sich einmal vor, Sie wären nach dem Lesen eines Buches mit wunderschönen, tiefsinnigen Gedichten ein anderer Mensch! Nicht einer der noch mehr Informationen angesammelt hat, sondern einer, dessen Leben, reicher, sinnvoller und erfüllender geworden ist und zwar, weil Sie den persönlichen, liebevollen, allwissenden und allmächtigen Schöpfergott besser kennengelernt haben. Genau das geschieht, wenn man die klaren und leicht fassbaren Gedichte aus der Feder von Heidi Rist über den Gott der Bibel, sein Wesen und sein Tun liest. Ihre Gedichte berühren und inspirieren. Sie laden zu einem neuen Hinhören auf biblische Worte und Wahrheiten ein. Sie lassen den Glauben greifbar werden, machen Mut Vertrauen zu wagen und holen die biblischen Wahrheiten mitten ins moderne Leben hinein.

Heidi Rist schreibt nicht nur über Gott, sondern man spürt auch in jedem Gedicht, dass sie ihn persönlich kennt. Ihre Liebe und ihr Vertrauen zum Schöpfer und Erhalter des Lebens sind ansteckend und lebensverändernd.

Ich bin mir sicher, dass Sie nach dem Lesen und Nachdenken über die vielen Zusagen Gottes an uns Menschen in diesen Gedichten zurückschauen und voller Staunen sagen werden, dass Sie den Reichtum der Bibel neu entdeckt haben, dass ihr Blick auf vertraute biblische Geschichten erweitert wurde und diese zu einem

wertvollen Wegbegleiter für den Alltag geworden sind.
So lebt sich's gut!

Doris Schulte
Neues Leben e.V.

Herr ich möcht in deine Augen seh'n

Herr, ich möcht in deine Augen seh'n,
die Sprache deines Blick's verstehn,
möcht spüren, was er sagen will,
vor deinem Blick Herr, werd ich still.

Dein Blick Herr ist so voller Liebe,
obwohl ich dich noch oft betrübe.
Voll Liebe zieht er mich zu dir,
und sagt, mein Kind, ich steh zu dir.

Dein Blick Herr, ist voller Verzeihen,
ich darf vor dir die Schuld bereuen,
werd niemals von dir abgewiesen,
lässt in mich deinen Frieden fließen.

Wer deinen Blick spürt, der erfährt,
bei dir Herr ist er etwas wert.
Du hast dein Leben investiert,
damit der Mensch es nicht verliert.

Dein Blick Herr, er ist voll Erbarmen,
ich finde Schutz in deinen Armen.
Nichts ist dir fremd oder zu schwer,
du sagst, kommt alle zu mir her.

Dein Blick, mein Jesus ist voll Güte,
dein Herz Herr, es wird niemals müde,
deine Kinder reich zu segnen
und ihnen helfend zu begegnen.

Dein Blick Herr, ist voller Verstehen,
für meine Lage, mein Ergehen.
Was ich Herr je erleben werde,
hast du erfahren auf der Erde.

Dein Blick Herr, drückt die Freude aus,
wenn ein Sünder kommt nach Haus,
wenn du darfst Herr des Lebens sein
und man ins Herz dich lässt hinein.

DIE SEHNSUCHT IN MIR

Herr, ich sehne mich nach dir,
nach deiner Gegenwart in mir,
nach dem Frieden, den du gibst,
nach der Vergebung, die du liebst.

Ich sehn mich nach dem Heil'gen Geist,
der mich im Glauben unterweist,
der mich verändert und mir zeigt,
wo mein Fleisch zur Sünde neigt.

Ich sehne mich nach all den Lieben,
hinter denen ich zurück geblieben,
die auf meinen Wegen mit mir gingen
und ihren Lobpreis Gott nun singen.

Ich sehn mich nach der neuen Erde,
auf der ich mit Gott leben werde.
Dort seh ich ihn, so wie er ist,
nichts gibt es mehr, was man vermisst.

Ich sehne mich nach Jesu Kommen,
dann wirst den Glauben du belohnen,
dann werd dein Angesicht ich seh'n
und ganz dein Wesen Herr versteh'n.

JETZT

J E T Z T ist für uns noch Gnadenzeit,
die Gott den Menschen hält bereit.
Lass sie nicht ungenutzt vergehn,
wende dich Gott zu dann wirst du sehn,
er wird sich von dir finden lassen
und du darfst sein Heil erfassen.

J E T Z T ist die Zeit auf Gott zu hören,
lass dich nicht von der Welt betören.
Sie hat so viele Meinungen und Stimmen,
die uns nur in Verwirrung bringen.
Da führt uns Gottes Wort zur Klarheit,
denn Jesus Christus ist die Wahrheit.

J E T Z T ist die Zeit mit Gott zu reden,
ganz still zu werden und zu beten.
Verschieb es nicht auf irgendwann,
man verliert es aus den Augen dann.
Halt jederzeit dein Herz Gott hin,
des Himmels Segen liegt darin.

J E T Z T ist die Zeit sich zu entscheiden,
dir deine ew'ge Zukunft zu bereiten,
ob du dem Untergang und Tod geweiht
oder zu leben dort im Himmel bist bereit.
Diese Entscheidung treffe jetzt und hier,
vielleicht bleibt dir sonst keine Zeit dafür.

Was sagen uns die Wunder Jesu?

Gleichnisse haben einen Sinn,
führen zu tiefer Wahrheit hin.
So ist es auch in Gottes Wort,
wir sehn es bei Johannes dort.
Wir wollen hier einmal ergründen,
die Wahrheit, die wir darin finden.

Einmal nimmt Jesus Fisch und Brot,
er segnet es und dankt dann Gott,
dann teilt er aus, was er da hat
5.000 Menschen werden satt.
Jesus selbst, das Brot im Leben,
will Nahrung unsrer Seele geben.

Joh. 6,5–14

Ein Hochzeitsfest in Kanaan,
macht Freude doch ein jedermann.
Doch Glück und Freude bald vergehen,
sie bleiben nicht ewig bestehen.
Anders die Freud', die Jesus schenkt,
sie ist nicht nur für den Moment.

Joh. 2,1–11

Krank war der Sohn eines Beamten,
die Ärzte keine Lösung fanden.
Er bittet Jesus für sein Kind,
bei ihm er endlich Hilfe find.
Den Segen kann uns keiner rauben,
wenn wir dem Wort von Jesus glauben.

Joh. 4,46–54

Lazarus war krank und starb,
doch Jesu Wort war klar und stark.
Er weckt den Lazarus wieder auf,
keiner erahnt diesen Verlauf.
Auch uns führt er vom Tod zum Leben
und will uns alle Schuld vergeben.

Joh. 11,1–44

Ein Mann findet sein Leben trist,
weil er schon blind geboren ist.
Doch Jesus kommt und rührt ihn an,
damit er wieder sehen kann.
Auch unsre Blindheit rührt er an,
damit man Gott erkennen kann.

Joh. 9,1 ff.

Seit 30 Jahren liegt ein Mann,
der sich nicht mehr bewegen kann,
am Teich Bethesda vor der Stadt,
er keine Spur von Hoffnung hat.
Jesus heilt ihn, das ist famos
sein Lieben ist bedingungslos.

Joh. 5,1–16

Die Fischer schuften die ganze Nacht
und haben keinen Fang gemacht.
Jesus schickt sie gleich wieder los,
und das Ergebnis ist grandios.
Wir sollen Menschenfischer werden
in jedem Land bei uns auf Erden.

Joh. 21,1–6

WER IST JESUS?

Jesus ist die Auferstehung und das Leben,
niemand sonst kann dir dies geben.
Er sagt, vertraue nur und glaub an mich,
dann lebst du mit mir ewiglich.

Jesus sagt, ich bin der Weg,
nicht sehr bequem, eher ein Steg,
bist du den Weg zu geh'n bereit,
führt er dich in die Herrlichkeit.

Jesus ist der gute Hirt',
der dich versorgt und der dich führt,
der für dich kämpft, ja lässt sein Leben,
wird, was du brauchst, dir immer geben.

Jesus ist das Licht der Welt,
das keine Finsternis aufhält.
Unvergänglich ist dies Licht,
drum sagt er dir, fürchte dich nicht.

Jesus ist der Bräutigam,
der liebevoll die Braut sieht an,
welche die Gemeinde ist,
von der ein Teil du selber bist.

Jesus ist das lebend'ge Brot,
mit ihm da hat es keine Not.
Wen hungert nach Gerechtigkeit,
für den steht dieses Brot bereit.

Jesus Christus ist die Tür,
wer eintritt, wird belohnt dafür.
Friede, Vergebung, ewiges Leben,
wird er dir gern dann dafür geben.

Jesus ist das Alpha und das Omega,
ist jederzeit für jeden da,
umschließt die Welt und auch die Zeiten,
will lebenslang dich treu begleiten.

Wer wissen will, wer Jesus ist,
am besten in der Bibel liest,
dort wird er dem, der will, begegnen
und ihn voll Liebe täglich segnen.

Gott ist da

Herr, du bist da an dunklen Tagen
und hilfst mir manche Last zu tragen.
Wenn ich nicht weiß, wie's weiter geht,
mir deine Kraft zur Seite steht.

Herr du bist da, auch wenn ich zweifle,
ob ich deine Liebe je begreife,
da schenkt Gewissheit mir dein Wort,
dein Geist nimmt mir den Zweifel fort.

Herr, du bist da in meines Glaubens Kämpfen,
nur du kannst meine Niederlagen wenden,
gibst Kraft um wieder aufzusteh'n,
in deinem Sieg weiter zu geh'n.

Herr, du bist da in meines Lebens Fragen,
du kannst mir immer eine Antwort sagen.
Du zeigst mir stets den rechten Weg,
wo ich Wert auf deine Worte leg.

Herr, du bist da, wo kleingläubig ich bin,
du siehst den Wunsch nach Glauben in mir drin,
ja, ist mein Glaube noch so klein,
du lässt ihn wachsen und zur Frucht gedeih'n.

Herr, du bist da auch an den Freudentagen
und ich darf dir von Herzen danke sagen,
dass du für mich die größte Freude bist
und deine Liebe mich niemals vergisst.

Herr, du bist da, wenn meine letzte Stunde schlägt,
auch dann mich deine Gegenwart noch trägt,
muss mich nicht fürchten vor der Ewigkeit,
du hältst ein wunderbares Erbe mir bereit.

WAS WIR GLAUBEN

Herr wir glauben, dass du wieder kommst,
ja wir warten deiner nicht umsonst.
Du heißt uns auf die Zeichen sehn,
die in der Welt ringsum geschehn.
Herr, lass uns wachsam sein und treu,
dass, wenn du kommst, wir dürfen sein dabei.

Herr, wir glauben, dass du die Liebe bist,
dass du die deinen nie vergisst.
Aus Liebe Herr bist du gestorben,
hast uns das ew'ge Heil erworben.
Von dieser Liebe wird uns nichts mehr trennen,
wenn wir dich als unsern Herrn bekennen.

Herr, wir glauben, dass du unser Retter bist,
der für uns Sünder eingetreten ist,
du hast Gerechtigkeit für uns erworben,
als für Verlor'ne du am Kreuz gestorben.
Du rettest uns vor'm sicher'n Tod,
hebst unsre Trennung auf von Gott.

Herr, wir glauben, dass du für uns das Leben bist,
das wie ein Strom in unsre Herzen fließt.
Ein Leben, das aus Gnade nur besteht
und für alle Zeit nicht mehr vergeht.
Ein Leben im Überfluss der Ewigkeit,
das wir zu teilen sind auch gern bereit.

Demut

Demut ist der Mut zu dienen,
denen, die verloren schienen.
Wir woll'n sie nehmen an die Hand
und führen in des Glaubens Land.

Demut ist Mut, sich hinzugeben,
für Gott und seine Sache leben.
Nicht immer auf sich selber schauen,
sondern zum Nächsten Brücken bauen.

Demut ist Mut, den unter'n Weg zu gehen,
den andern höher als sich selbst zu sehn,
dann nimmt Gott zu, mein Ego ab,
wenn diesen Mut ich in mir hab.

Demut ist Mut, mich selbst zu sehn
und mich von Gott her zu verstehn,
der mich, den Sünder, so sehr liebt,
dass seinen Sohn er für mich gibt.

Demut ist Mut, zu Gott ein Ja zu sagen,
Verantwortung für das zu tragen,
was er an Gaben mir geschenkt,
die ich teilen darf, wie Gott es lenkt.

Demut ist Mut, der zu Gott steht,
hinaus zu andern Menschen geht,
damit auch ihnen wird zuteil,
die Erlösung und das Heil.

CHRIST SEIN

Christ sein heißt ein Ziel zu haben,
gegen den Strom zu schwimmen wagen,
den schmalen Weg mit Jesus gehn,
nicht auf die große Masse sehn.
So wird das Ziel man nicht verfehlen,
die Ewigkeit bei Gott erwählen.

Christ sein heißt auf Gott zu bauen,
auf seine Verheißungen zu trauen.
Sie tragen durch das ganze Leben,
werden Hilfe, Kraft und Trost dir geben.
Es heißt, du bist niemals allein,
dein Gott wird immer bei dir sein.

Christ sein heißt, in Gemeinschaft leben
und Jesu Liebe weiter geben,
heißt auch des andern Last zu tragen
und nicht nach Anerkennung fragen,
heißt im Gebet zusammenstehn,
denn Wunder können dann geschehn.

Christ sein heißt, die Nachricht weiter geben:
du bist geliebt, dir ist vergeben.
Jesus starb am Kreuz für dich,
nahm deine Schuld allein auf sich,
du bist gerettet, bist erlöst,
wenn du auf Jesu Wort hörst.

Christ sein heißt ein Glied zu werden,
an Christi Leib schon hier auf Erden.
Er ist das Haupt und wird uns leiten,
durch gute und auch schlechte Zeiten.
Als Christen sind wir stets verbunden,
jeder hat seinen Platz gefunden.

Christ sein heißt Jesu Namen tragen
und seinen Geist im Herzen haben.
In meines Lebens Prioritäten
ihm den ersten Platz zu geben –
Gott möchte dich so gern einladen,
den Schritt ins Christ sein auch zu wagen.

Reichtum

Reichtum liegt nicht allein im Geld,
zählt es auch viel in dieser Welt,
doch vom Besitz, den einer hat,
wird seine Seele niemals satt.
Auch kannst das Geld du schnell verlieren
dann wirst Verzicht du nur noch spüren.

Wahren Reichtum gibt nur Gott,
durch seine Liebe, durch sein Wort.
Er wahre Fülle dir verheißt,
durch seine Gnade, seinen Geist.
Du darfst von diesem Reichtum nehmen,
musst dich nicht nach Erfüllung sehnen.

Du bist reich, weil Gott dich liebt
und alles was du brauchst dir gibt.
Er kennt dein Herz, weiß um dein denken,
er will Erneuerung dir schenken.
Wertvoll bist du, weil Gott dich liebt
und in dir seine Schöpfung sieht.

Du bist reich, weil Gott verspricht,
ich geb dir Heimat ewiglich,
ich nehm dich an, so wie du bist,
ich bin es, der dich nie vergisst.
Ich eine Wohnung dir bereite,
dich auf dem Weg dorthin begleite.

Das Kreuz, es ist dein größter Schatz,
denn hier allein nur ist der Platz,
wo Satan hat die Macht verloren
und du wirst wieder neu geboren.
Wie reich darf jedermann da sein
der sich auf Jesu Kreuz lässt ein.

SEI GEWISS

Sei gewiss, dass Jesus dich liebt,
mit einer Liebe, die es sonst nicht gibt.
Er gibt sein Leben für dich hin,
das ist für dich ein Neubeginn.
Diese Liebe macht wertvoll dich,
verschenkt ohne Erwartung sich.

Sei gewiss, dass Jesus vergibt,
weil er dich wie kein andrer liebt.
Will nicht, dass du verloren gehst,
im Himmel einmal draußen stehst.
Auf Golgatha, da ist der Platz,
wo er die Schuld vergeben hat.

Sei gewiss, dass Jesus lebt,
der dich aus dem Staub erhebt.
Sein Leben schafft Neues in dir,
ein Stück vom Himmel, jetzt und hier.
Drum öffne ihm die Herzenstür,
dann wird er leben auch in dir.

Sei gewiss, dass Jesus sieht,
was auch immer dir geschieht.
Er sieht dich voll Liebe an,
damit die Seele heilen kann.
Entzieh dich diesem Blick doch nicht,
weil sonst dein Herz am Leid zerbricht.

Sei gewiss, Jesus ist treu,
er steht zu dir, jeden Tag neu.
Selbst wenn du ihm untreu wirst
und den Kontakt zu ihm verlierst,
wird er dich niemals fallen lassen,
wird wieder deine Hand erfassen.

Sei gewiss, Jesus ist da,
jeden Augenblick ganz nah.
Was auch geschieht in deinem Leben,
er sorgt für dich, wird Hilfe geben,
greift ein, wenn es nach seinem Plan,
dass nichts dir wirklich schaden kann.

Ich mache alles neu

Versteinert ist oft unser Herz,
durch Stolz, Verletzungen und Schmerz.
Was wir als Heilung da versuchen,
kann man nicht als Erfolg verbuchen.
Nur Jesus macht das Herz ganz neu,
er ist der Schöpfer, er ist treu.

Unser'm Geist wird viel geboten,
tausendfach Informationen,
die Ungewissheit uns bereiten,
wie soll man sich da nur entscheiden?

Gott gibt 'nen neuen, gewissen Geist,
der sich als hilfreich stets erweist.

Sogar Himmel und Erde macht er neu,
Tränen und Leid sind dann vorbei.
Selbst den Tod wird's nicht mehr geben,
in Gottes Gemeinschaft wir dort leben,
denn das Alte ist vergangen,
ganz Neues hat dann angefangen.

DANIEL IN DER LÖWENGRUBE

Daniel 6

Die Politik im größern Stil,
ist gar oft ein falsches Spiel.
Meistens herrscht nur Lug und Trug,
auch Korruption gibt es genug.

So wie es einst Daniel erging,
als Darius sein Königreich empfing.
Weil Darius vermeiden wollte,
dass Schaden ihm entstehen sollte,

hat er Stadthalter ernannt
und verteilt im ganzen Land.
Sie sollten drei Ministern sagen,
was sich im Volk so zugetragen.

Einer im Ministerkreise
war Daniel, er war klug und weise.
Gottes Geist zeichnet ihn aus
und es stellte sich heraus,

der König lernt ihn sehr zu schätzen,
will übers ganze Reich ihn setzen.
Das weckt nun bei den andern Neid
und sie sind gar schnell bereit

Daniel aus dem Weg zu räumen,
vom eignen Aufstieg nur zu träumen.
Was könnt' den König nur bewegen,
gegen Daniel Anklage zu erheben?

Daniel aus dem Weg zu räumen,
vom eignen Aufstieg nur zu träumen.
Was könnt' den König nur bewegen,
gegen Daniel Anklage zu erheben?

In der Verwaltung müsst' man schauen,
ob man dem Daniel könnte trauen.
Doch sein Handeln war korrekt,
sie haben nirgends was entdeckt.

Nichts falsches und gar kein Vergehen,
war in seinem Tun zu sehen.
Da fiel es ihnen plötzlich ein,
sein Gott könnte die Lösung sein.

Man müsste ein Gesetz erlassen,
mit dem man Daniel könnte fassen.
Zum Beispiel, dass in dreißig Tagen,
es sollte niemand auch nur wagen,

jemand 'ne Bitte vorzutragen,
nur den König sollt' man fragen.
Wer dem Gesetz sollt' nicht gehorchen,
der würd' den Löwen vorgeworfen.

Für Daniel war Gott Lebensmitte,
er kam zu ihm mit Dank und Bitte.
Dreimal am Tag da betet er
und so war es auch gar nicht schwer,

ihn in flagranti zu erwischen,
dem König alles aufzutischen.
Erschreckend wird dem König klar,
dass dies Gesetz ein Fehler war.

Er konnte Daniel nicht mehr schützen,
kann er auf seinen Gott sich stützen?
Daniel schrie innerlich zum Herrn,
doch Gott schien im Moment recht fern.

Ganz laut hört man die Löwen brüllen,
sie wollen ihren Hunger stillen.
Doch Gott ist näher als gedacht,
hat die Tiere ruhig gemacht.

Sie liegen da, wie große Katzen
und rühren nicht einmal die Tatzen.
Die Widersacher Daniels reiben sich die Hände,
nun hatte es mit ihm ein Ende.

Sie kommen nun ganz locker weiter
auf der politischen Karriereleiter.
Doch Darius hat in der Nacht,
nicht ein Auge zu gemacht.

Er wälzt im Bett sich hin und her,
ach wenn es doch schon morgen wär.
Er könnte schaun, wie's Daniel geht,
ob ihm sein Gott zur Seite steht.

Schon früh am Morgen geht er los,
wie geht es Daniel denn nun bloß?
Er war kein Mensch für große Dramen,
von Weitem rief er Daniels Namen.

„Ich musste schnell jetzt zu dir rennen,
hat dein Gott dich retten können?"
Ein riesen Druck sich von ihm löst,
als er Daniels Stimme hört.

„Gott hat 'nen Engel mir gesandt,
der hielt den Löwen mit der Hand
den Rachen zu, so konnt' ich ruhn,
die Tiere konnten mir nichts tun!"

Darius freut sich ganz unverhohlen,
lässt Daniel aus der Grube holen.
Der König hat nicht schlecht gestaunt,
kein Kratzer war auf Daniels Haut.

Auf diesen Gott kann man vertrauen,
und sein Leben auf ihn bauen.
Er will sich ändern und umkehren,
sein Volk soll Daniels Gott verehren.

Scheint vieles auch ganz aussichtslos,
Gott führt die Sache gut hinaus.
Auch du kannst diesem Gott vertrauen
und stets auf seine Hilfe bauen.
Er hat versprochen da zu sein,
lässt dich an keinem Tag allein.

VERTRAUEN

Herr, ich möchte dir vertrauen,
nur auf deine Wahrheit bauen.
Weder Gedanken noch Gefühle,
befrei'n mich aus der Sorgenmühle.
Darum vertrau ich deinem Wort,
zu jeder Zeit, an jedem Ort.

Herr, ich möchte dir vertrauen,
auf deinen Sohn und sein Kreuz schauen.
Dort habe ich all das empfangen,
was mich befreit, von meinem Bangen.
Darum vertrau ich auf das Kreuz,
hier liegt die Lösung ja bereits.

Herr, ich möchte dir vertrauen,
nicht auf meine Kräfte bauen.
Nur deine Kraft Herr, und dein Segen,
bewahren mich auf meinen Wegen.
Darum vertrau ich deiner Kraft,
die in mir Mut und Frieden schafft.

DER BARMHERZIGE SAMARITER

Lukas 10.33

Von Jericho nach Jerusalem
war es gefährlich einst zu geh'n.
Man musst' sich durch ne Schlucht begeben,
wo gerne Räuber warn zugegen.
Ein Mann, er kannte die Gefahr,
allein dort auf dem Wege war.

Mit schnellen Schritten eilte er
und schaute ängstlich um sich her.
Man ahnt, es nimmt kein gutes Ende,
er fiel den Räubern in die Hände.
Sie traten und sie schlugen ihn,
die Welt, unterzugehen schien.

Nach einem Faustschlag ins Gesicht,
er blutend dann zusammenbricht.
Was er besaß konnten sie brauchen,
sogar die Kleider sie ihm raubten.
Dann ließen sie ihn halbtot liegen,
haben zur Flucht sich angetrieben.

Da lag er nun, kämpft um sein Leben,
wo sollt' Hilfe es nur geben?
Endlich hörte er jemand kommen,
der denselben Weg genommen.
Ein Levit, das war zu sehn,
er wollte wohl zum Tempel geh'n.

Er sah den Mann, doch half er nicht,
sagt mit freundlichem Gesicht:
"Zum helfen wär ich gern bereit,
doch leider hab ich keine Zeit,
ich hab' nen wichtigen Termin,
muss unbedingt zum Tempel hin.

Ich muss den Rahmen dort gestalten,
damit man Gottesdienst kann halten!"
Dann kam ein Priester, sehr gewichtig,
dem waren andre Dinge wichtig.
Schon aus der Ferne sah er ihn,
ging aber gar nicht zu ihm hin.

Er machte einen weiten Bogen,
ist schnurstracks seinen Weg gezogen.
Ein Dritter hielt dann endlich an,
Ein Samariter war der Mann.
Wenig geachtet bei den Juden,
da konnt' man Hilfe nicht vermuten.

Alleine ließ er ihn nicht hier,
er setzte ihn auf's eigne Tier,
ging nebenher um ihn zu stützen
und vor dem Abrutschen zu schützen.
Langsam und mühsam ging's voran,
bis eine Herberge dann kam.

Der Kranke konnte nun auch nimmer,
der Samariter nahm ein Zimmer;
sagte dem Wirt, er solle morgen
einen guten Arzt besorgen,
nach dem Kranken sehen und ihn verpflegen,
das Geld würd er ihm dafür geben.

Er gab ihm gleich einen Betrag
und ging dann weg am nächsten Tag.
Sollte die Summe nicht ganz reichen
würd' er den Rest auch noch begleichen
sobald er auf dem Rückweg war
wollt' er vorbeischau'n, das war klar.

Dies Handeln war Barmherzigkeit
sind wir dazu doch auch bereit?
Die Not des Nächsten anzuseh'n
und nicht daran vorüber geh'n.

Die Hochzeit zu Kanaan

Johannes 2.1. ff

In Kanaan da ist was los,
gefeiert wird und zwar ganz groß.
Ein Hochzeitsfest ist hier im Gang,
mit Essen, Trinken und Gesang.

Das halbe Dorf ist eingeladen
zu diesen feucht-fröhlichen Tagen.
Auch Jesus ist zum Fest gekommen,
hat seine Mutter mitgenommen.

Noch geht er unter in der Menge,
in diesem fröhlichen Gedränge.
Beim Brautpaar bilden sich schon Schlangen,
noch eh das Fest recht angefangen.

Ein jeder will doch gratulieren
und sein Geschenk gleich präsentieren.
Im Hintergrund sind ein paar Leute,
die für den Ablauf sorgen heute,

dass nicht ein Gast muss hungrig geh'n,
dass reichlich Wein am Tisch wird steh'n.
Der Speisemeister hat das Sagen,
was man serviert an diesen Tagen.

Wir woll' n, obwohl wir ihn nicht kennen,
einfach Benjamin ihn nennen.
Bei dieser Hochzeit gehört ihm Lob,
es ist fürwahr kein leichter Job,

für alles rechtzeitig zu sorgen,
dass man auch ja sich nichts muss borgen,
dass man den Gästen wird gerecht,
es soll ja keinem gehen schlecht.

Das Fest ist nun in vollem Gange,
doch Benjamin wird langsam Bange.
Vom Wein gibt's keinen Tropfen mehr,
der ganze Vorrat ist schon leer.

Dies ist schlechthin eine Blamage,
der Bräutigam er kommt in Rage.
Wie steht er vor den Gästen da,
er ist schon fast den Tränen nah.

Maria hat es mitbekommen,
hat es zu Herzen sich genommen,
sie will es erst mal Jesus sagen
und sich mit ihrem Sohn beraten.

Er sagt: „Liebe Mutter, komm begreif,
die Zeit für mich ist noch nicht reif."
Maria spürt in ihrem Herzen,
es lässt sich vielleicht doch ausmerzen.

Den Dienern sagt sie: „Es wird gut,
was immer er euch sagt, das tut!"
Jesus sagt den Dienern drüben,
Sie sollen zu den Wasserkrügen,

sie füllen dann grad bis zum Rand,
ihnen geht's über den Verstand.
So 13 Liter fasst ein Krug,
also an Wasser gibt's genug

und Benjamin auf seinem Posten,
soll es doch gleich einmal verkosten.
Was? Die Gäste sollen Wasser trinken?
Da könnt im Boden er versinken.

Doch Benjamin ist sehr erstaunt
und ganz schnell wieder gut gelaunt,
als er den feuchten Tropfen nimmt
und Wein durch seine Kehle rinnt.

Normal gibt's erst den guten Wein,
den schlecht'ren schenkt man später ein,
doch hier ist es grad andersrum
und Benjamin fragt sich warum.

Wie kann das sein, was ist gescheh'n,
die Diener ganz verwundert steh'n.
Sie füllen Wasser in den Krug
und jetzt, haben sie Wein genug.

Jesus war's, er hat gehandelt,
das Wasser hier in Wein verwandelt.
So kann das Fest jetzt weitergeh'n,
als wär die Panne nie gescheh'n
Und wer dies hier gehört oder gelesen,
ist beinah selbst dabei gewesen,
beim ersten Wunder das geschah,
als Jesus auf der Erde war.

ZACHÄUS

Lukas 19.2

Zachäus ist ein kleiner Mann,
den niemand so recht leiden kann.
Er treibt den Zoll ein dort am Tor
und haut die Leute über's Ohr,

ist stets auf's eigne Wohl bedacht,
hat nie sich einen Kopf gemacht,
wie es damit dem andern geht,
der dadurch am Ruin fast steht.

Zachäus lebt in Saus und Braus,
ihm macht die fremde Not nichts aus.
Von ihm aus kann's so weitergeh'n,
doch dann ist da etwas gescheh'n.

Jesus kommt nach Jericho,
das macht Zachäus wirklich froh.
Er hat schon viel vom ihm gehört,
Dinge, die wahrhaft unerhört.

Dieser Mann heilt die Kranken,
wies Pharisäer in die Schranken,
er sprach wohl auch vom Himmelreich,
ihm war einfach kein andrer gleich.

Zachäus wird ganz aufgeregt,
er alles schnell zur Seite legt,
da will er hin, ihn muss er sehn,
doch überall die Leute steh'n.

Jedoch Zachäus, gar nicht dumm,
schaut sich in der Straße um.
Da sieht er einen Maulbeerbaum,
der ist sein Glück, er fasst es kaum.

Warum soll er denn unten steh'n,
von oben kann man besser seh'n.
Kaum hat er schnaufend Platz genommen,
sieht er auch schon die Menge kommen.

Und da ist Jesus – man sieht nicht viel,
doch plötzlich wird's mucksmäuschenstill.
Mit klarem Blick, den Kopf erhoben,
sieht Jesus jetzt zu ihm nach oben.

„Zachäus, komme schnell von deinem Ast,
weil du noch heute Gäste hast.
Ich kehr in deinem Hause ein
und will dir hilfreich nahe sein!"

Durch die Menge geht ein Raunen,
voller ungläubigem Staunen.
Was? Bei diesem Zöllner kehrt er ein,
das kann doch wohl sein Ernst nicht sein?

Zachäus kriegt das nicht mehr mit,
er eilt nach Haus mit schnellem Schritt.
Er instruiert das Personal,
zu richten ein gar fürstlich Mahl.

Dann ist vorbei das bange Warten,
Jesus ist da, das Fest kann starten.
Es wird gegessen und gelacht
und auch Konversation gemacht.

Doch was Zachäus fasziniert,
sind Jesu Blicke, die er spürt.
So voller Lieb und Freundlichkeit,
das macht Zachäus Herz ganz weit

und plötzlich wird ihm sonnenklar,
wie falsch sein Leben bisher war.
Jesus will ihm Vergebung bringen,
Zachäus ist mit sich am Ringen.

Doch dann versteht er, ich gewinne,
wenn ich mit Jesus neu beginne.
In ihm macht sich ein Friede breit,
der unergründlich tief und weit.

Seinen Besitz will er nun teilen
und so die Not der Armen heilen.
Wem er an Geld zu viel genommen,
der soll's vierfach zurückbekommen.

So ist nach den korrupten Jahren
dem Haus das Heil heut widerfahren.

Die Emmausjünger

Lukas 24.13

Zwei Jünger unterwegs zu Fuß,
von Jerusalem nach Emmaus,
voller Trauer, voller Schmerzen
waren die verzagten Herzen.
Sie konnten einfach nicht versteh'n,
was dort auf Golgatha gescheh'n.

Jesus am Kreuz! Jesus ist tot,
das machte beiden große Not.
Jesus, der so viel Gutes tat
und immer wusste einen Rat.
Nie war ihm jemand zu gering,
dass er nicht ginge zu ihm hin.

Er sprach auch niemand nach dem Mund,
tat liebevoll die Wahrheit kund.
Er rührte einen Blinden an,
alsbald er wieder sehen kann.
Dem Lahmen sagt er: „Stehe auf,
nimmt deine Matte und dann lauf!"

Auch Aussätzige machte er rein,
was soll daran schlecht denn sein?
Die Obrigkeit hat er gestört,
so wurde er gar bald verhört,
verraten, verurteilt, hingerichtet,
sein Leben unschuldig vernichtet.

Wie sollte es jetzt weitergeh'n,
wie kann man in die Zukunft seh'n?
So traurig, ohne Zuversicht
bemerkten sie den Mann auch nicht,
der auf dem gleichen Weg gegangen
und der ihr Reden aufgefangen.

Er trat zu ihnen und fragte an,
ob er sie begleiten kann.
Fragte nach, was sie denn nur bewegte
und ihr Gemüt gar so erregte?
Die beiden sah' n sich fragend an,
war ahnungslos denn dieser Mann?

War er der einz'ge, der nicht wusste,
was jedem doch bekannt sein musste?
Sie erzählten das Erlebte
und die Fragen, die sie quälten.
Er sprach von den alten Schriften,
was sie von Jesu Tod berichten.

Allmählich brach über den Drei'n
die Abenddämmerung herein.
Als sie Zuhause angekommen
wurde Wasser aufgenommen,
die Füße von dem Staub befreit,
dass man zum Essen war bereit

der Tisch gedeckt mit Brot und Wein
und auch noch andren Leckerei'n.
Da griff der Fremde erst zum Brot,
sprach ein Dankgebet zu Gott,
dann brach er es und gab es ihnen,
in beiden regt sich etwas tief da drinnen.

Schlagartig wurde ihnen klar,
wer der Fremde wirklich war.
Jesus war's – der Totgeglaubte,
dies ihnen fast den Atem raubte.

ER war's tatsächlich und er lebte,
das Herz vor Freude ihnen bebte.
Die Traurigkeit wich vom Gesicht,
plötzlich war alles nur noch Licht.

Sie hatten ein paar schöne Stunden,
doch plötzlich war Jesus verschwunden.
Die Jünger hatten noch in der Nacht,
sich wieder auf den Weg gemacht.

Zurück ging's nach Jerusalem,
sie wollten zu den Brüdern geh'n,
ihnen die gute Nachricht bringen,
von diesen unglaublichen Dingen,
von dem was nun ihr Herz bewegt:

„JESUS IST NICHT TOT – ER LEBT!"

Die „Ich bin"-Wünsche

Jesus sagt:
Ich bin das Licht der Welt,
das auch deinen Tag erhellt,
was wichtig ist, lässt es erkennen,
denn du sollst dich ja nicht verrennen.
In Müh' und Arbeit deiner Tage,
in mancher aussichtslosen Lage,
siehst du nur grad den nächsten Schritt,
du sollst nicht straucheln, er geht mit.
Drum wünsch ich dir, bleibe im Licht,
weil das für deinen Glauben spricht.

Jesus sagt:
Ich bin die Wahrheit,
doch dazu fehlt uns oft die Klarheit.
Weißt du manchmal nicht so recht,
was ist gut und was ist schlecht,
brauchst du Gottes guten Geist,
der dir die rechte Richtung weist,
der dir seine Worte deutet
dich in seine Wahrheit leitet,
drum wünsch ich dir, sieh nur auf ihn,
er führt dich zu der Wahrheit hin.

Jesus sagt:
Ich bin das Brot der Welt,
das auch deinen Hunger stillt.
Sein Wort ist Speise, jeden Tag,
dass dir's an nichts gebrechen mag.
Nimm's in dich auf und spür die Kraft,
die dir das Brot des Lebens schafft.
Bediene dich am Tisch des Herrn,
er gibt dir reichlich und auch gern.
So wünsche ich dir, komm iss dich satt,
dass deine Seele Leben hat.

Jesus sagt:
Ich bin das Leben,
ich möchte dir Erfüllung geben,
nicht nur für die Erdenzeit,
nein, auch für die Ewigkeit.
Drum gar nicht schwer dein Alter wiegt,
weil noch das Beste vor dir liegt.
Er sagt, ich bin vorausgegangen,
und will voll Freude dich empfangen,
so wünsch ich dir du mögest leben,
an jedem Tag in seinem Segen.

Jesus sagt:
ich bin der Weinstock.
Er der Weinstock, wir die Reben,
wenn du dich kannst ihm so ergeben,
dann bring dein Leben jene Frucht,
die er im Himmel einmal sucht.
Dass du dich nicht willst Christ nur nennen,
lässt deine Liebe schnell erkennen,
die durch den Weinstock sich ergießt
und dann durch dich zum Nächsten fließt.
Drum wünsch ich dir, bleib ihm verbunden,
auf dass als treu du wirst erfunden.

Jesus sagt:
Ich bin die Tür,
kommt doch alle her zu mir.
Man kann die Tür leicht überseh'n,
oder an ihr vorübergeh'n.
Du hast die Einladung empfangen,
bist durch die Tür hinein gegangen.
Du nahmst auch manchen bei der Hand
und zeigtest ihm des Glaubens Land.
Drum wünsche ich dir off'ne Türen,
um Menschen hin zu Gott zu führen.

Jesus sagt:
Ich bin der Weg,
die Spur zum Leben ich dir leg.
Scheint dir der Pfad auch steil und schwer,
bedenke, vor dir geht der Herr.
Sollt dir die Strecke mal nicht passen,
vergiss nicht Jesu Hand zu fassen.
Die große Masse macht's nicht aus
der schmale Weg führt dich nach Haus.
So wünsch ich dir, denk stets daran,
dein Lebensweg führt himmelan.

Jesus sagt:
Ich bin der Hirte,
der all die Jahre treu dich führte.
Er trug dich durch ein langes Leben,
hat Kraft und Freude dir gegeben.
Und wie oft durftest du erfahren,
mein Hirte kann mich wohl bewahren.
Das wird in Zukunft auch so bleiben,
denn du bist und bleibst sein eigen.
So wünsch ich dir, sei heut und morgen
beim guten Hirten stets geborgen.

Wahre Freude

Freude Herr, die du mir gibst,
Freude, weil du mich so liebst.
Freude Herr, an jedem Tag,
weil ich dich den Heiland hab.

Freude, weil ich ohne Schuld
leben darf aus deiner Huld,
weil du täglich gibst mir Kraft,
die in mir Veränd'rung schafft.

Freude, weil du mich beschenkst,
in deiner Liebe an mich denkst.
Freude, unaussprechlich groß,
denn du lässt mich niemals los.

Diese Freude liegt in dir,
nichts auf Erden gibt sie mir.
Geld, Gesundheit, Glück und Streben,
kann nie die wahre Freude geben.

Freude, die im Leid noch gilt,
Freude, die mein Sehen stillt.
Freude, die kein Schmerz zerstört,
Freude, die nicht nur betört.

Freude, die in der Not besteht,
Freude, die niemals vergeht.
Freude, so tief, so echt, so rein,
find ich in Jesus nur allein.

AM TEICH BETHESDA

Johannes 5.1

In Jerusalem beim Schaftor gleich,
da gab es einen größ'ren Teich.
Bethesda wurde er genannt,
und war bekannt im ganzen Land.

Da kamen viele Kranke her,
ein jeder hofft auf Heilung sehr.
Ein Engel war öfter zugegen,
um das Wasser zu bewegen.

Wer dann als erster drinnen war,
wurde geheilt, wie wunderbar.
Stell dir vor, du wärst jetzt dort,
an diesem leiderfüllten Ort.

Sein Blick streifte über die Menge,
am Wasser ist großes Gedränge.
Da fällt sein Blick auf einen Mann,
der sich nicht mehr bewegen kann.

Ihm ist fast jede Chance genommen,
ins Wasser rechtzeitig zu kommen.
War's wirklich dann mal drauf und dran,
dass endlich er ins Wasser kam,
dann war ein andrer wieder schneller,

sein Mut sank ihm bis in den Keller.
So liegt er da nun Jahr für Jahr,
für ihn sein Leben sinnlos war.
Ach hätt ich doch, ach wär ich nur,
so dachte er in einer Tour.

Das war nicht grade positiv,
er wurde langsam depressiv.
Doch heute kam die große Wende,
heut hatte seine Not ein Ende.
Da kam ein Mann an seine Matte,
was der hier wohl zu suchen hatte?

Die Ausstrahlung, die man verspürte,
den Kranken tief im Herz berührte.
Er sprach ihn an mit sanfter Stimme,
in der viel Liebe wohnte inne.

„Mein Freund, komm sage mir doch nun,
hast du 'nen Wunsch, was kann ich tun?"
Was war denn das für eine Frage,
er war doch in 'ner schlimmen Lage,
sollt' er sich da nicht helfen lassen,
die Chance des Lebens gar verpassen?

Und schon bricht es aus ihm heraus:
„Ich möchte gehen, möcht hier raus,
will nicht immer liegen müssen,
und endlich steh'n auf eignen Füßen."

Da gibt der Fremde ihm zurück,
voll erbarmen ist sein Blick.
„Leg deine Not in meine Hand,
und bring zur Ruhe den Verstand,
um dir zu helfen, bin ich hier,
du glaube und vertraue mir.

Erheb dich nun von deinem Lager,
bist du jetzt auch noch schwach und hager.
Verlass den Ort und danke Gott,
dass nun vorbei ist deine Not!"

Der Kranke fühlt sich wie im Traum
und Hoffnung nimmt in ihm jetzt Raum.
Mehr als zaghaft geht er's an,
begreift nicht, dass er stehen kann,
ist voller Glück und Dankbarkeit
und nun zum Leben neu bereit.

Dass sein Helfer Jesus war,
das wurde ihm erst später klar.
Hätten auch wir nicht dann und wann,
gern jemand, der uns helfen kann?

Jesus steht heut an unsrer Tür
und sagt „komme doch her zu mir".
Und oftmals ist uns gar nicht klar,
dass er an unsrer Seite war.

Wo wir dann sagten: „Glück gehabt",
da war es oftmals Jesu Tat,
die uns beschützt hat und bewahrt,
so manchen Kummer uns erspart.

Meistens nur still und unerkannt,
hält er über uns die Hand.
So wollen wir auch dankbar sein,
an seiner Hilfe uns erfreu'n.

DER VERLORENE SOHN

Lukas 15.11

Ein Mann hatte ein großes Gut,
die Verantwortung auf ihm schwer ruht.
Auf Feldern, Wiesen und im Stall
gibt's Arbeit satt, auf jeden Fall.

Doch er hat zum Glück zwei Söhne,
das ist für ihn das Gute, Schöne.
Doch manchmal gab's Unstimmigkeiten,
die die Brüder sich bereiten.

Der jüngere war unzufrieden,
mit dem Los, das ihm beschieden.
Er wollte endlich jemand sein,
nicht immer nur das Bäuerlein,

nicht immer nur nach Tieren duften,
vom Morgen bis zum Abend schuften.
Die andern konnten Partys feiern,
ein tolles Urlaubsziel ansteuern.

Bei ihm war's immer nur dasselbe,
Arbeit im Stall und auf dem Felde.
Sein Bruder woll't ihn stets belehren,
er kann es langsam nicht mehr hören,

muss immer alles besser wissen,
ist manchmal wirklich ganz verbissen.
Er sah nur das, was er nicht hatte,
nicht was man ihm entgegen brachte.

Er hatte dieses Leben satt
und wollte endlich in die Stadt.
Er gibt dem Vater zu versteh'n,
er möcht von Haus und Hof jetzt geh'n,

will mal sein eig'nes Leben führen,
die Verantwortung nicht spüren,
die mit sich bringt ein solcher Hof,
langsam wird's ihm hier zu doof.

So will er weggeh'n von daheim,
sein eigner Herr nun endlich sein.
Er geht zum Vater, teilt ihm mit:
„Ich möchte geh'n und ich drum bitt',

gib mir mein Erbteil jetzt schon raus,
ich will jetzt fort aus diesem Haus!"
Der Vater nimmt es traurig hin,
gibt ihm sein Geld und lässt ihn zieh'n.

Er sieht ihm nach, dem jüngsten Sohn,
der fröhlich pfeifend zieht davon.
Das fällt dem Vater sichtlich schwer,
er liebt doch seinen Sohn so sehr.

In der Stadt dann angekommen,
hat er ein Zimmer sich genommen,
stürzt sich gleich ins volle Leben,
kann es denn was schön'res geben?

Auch Freunde in sein Leben kamen,
die vieles mit ihm unternahmen.
Um sie nicht wieder zu verlieren,
begann er oft was zu spendieren,

auf jeder Party, die es gab,
machten sie die Nacht zum Tag.
Die Freunde fanden's gar nicht schlecht,
solang er zahlte, war es recht.

Wie ein Strudel, wie ein Sog,
ihn dies jedoch nach unten zog.
Langsam war's Ende Fahnenstange
und ihm wird allmählich bange.

Kein Zimmer mehr, nichts mehr zu essen,
das konnte man doch grad vergessen.
Erneut macht er sich auf den Weg,
diesmal Richtung Land es geht.

Mit leerem Magen und erschöpft,
sieht er endlich ein Gehöft.
Da will er mal nach Arbeit fragen
und sein Los geduldig tragen.

Dass er nur Schweinehirt' sein kann,
nimmt er notgedrungen an.
Als er dann bei den Schweinen sitzt,
von deren Futter selber isst,

da denkt er plötzlich an zu Haus
und malt sich in Gedanken aus,
wie's wär, wenn er zum Vater ginge,
noch einmal ganz von vorn anfinge.

Demütig würd' er vor ihm steh'n,
ihm sagen: „Ich hab eingeseh'n,
ich hab gesündigt, vor Gott und dir,
ich bitte dich, verzeihe mir,

bin's nicht mehr wert, dein Sohn zu sein,
stell mich als Tagelöhner ein!"
Und dann reift in ihm der Entschluss,
dass er jetzt endlich handeln muss.

Ich werd' zu meinem Vater geh'n,
wie's mir dann geht, das wird man sehn.
Jedoch der Vater unterdessen,
hat seines Sohnes nicht vergessen.

Wo er wohl ist, was er wohl macht,
hat er fast jeden Tag gedacht.
Sein Herz tat ihm vor Liebe weh,
ob ich ihn jemals wiederseh'?

So manches mal geht er vor's Haus,
schaut voller Sehnsucht nach ihm aus.
Er sieht ihn kommen, eilt zu ihm,
legt liebevoll den Arm um ihn,

nimmt ihm die Lumpen, wäscht den Schurz
und bietet Heimat ihm und Schutz.
Der ält're Sohn vom Feld her kommt
und ärgert sich doch erst mal prompt,

das was er sieht und was er hört,
hat doch gewaltig ihn gestört.
Für den, der alles durchgebracht,
wird jetzt auch noch ein Fest gemacht.

Verbittert zieht er sich zurück,
teilt nicht des Vaters großes Glück.
So schließt er sich grad selber aus,
verpasst die Freude, die im Haus.

Grad wie der Vater, so ist Gott,
sieht uns kämpfen mit der Not,
kommt uns entgegen, hilft uns gern
wenn wir nur kommen zu dem Herrn.

Die Arbeiter im Weinberg

Matthäus 20.1

Ein Arbeiter zu Jesu Zeiten,
war auch nicht immer zu beneiden.
Er hatte manchmal große Sorgen,
sich Arbeitskräfte zu besorgen.

So auch ein Winzer zu der Zeit,
bei dem die Ernte ist bereit.
Wie wunderbar stehen die Reben,
das wird 'nen super Jahrgang geben.

Er wird genügend Öchsle haben,
daran wird sich ein jeder laben.
Die Trauben sollte man bald lesen,
bevor die Früchte noch verwesen.

Das wäre ja jetzt doch noch schöner,
daher sucht er nun Tagelöhner,
die für 'nen zahlbaren Betrag,
hier arbeiten an einem Tag.

Am steilen Hang und in der Sonne,
ist diese Arbeit nicht nur Wonne.
Der Rücken schmerzt, die Beine ziehen,
man muss sich hier schon ganz schön mühen.

Doch zwischendurch gibt's auch ne Pause
mit einer guten Winzerjause.
So geht der Mann schon früh am Morgen,
sich Arbeitskräfte zu besorgen.

Das Ziel, das er vor Augen hat,
das ist der Marktplatz in der Stadt,
wo sich oft solche Leute sammeln,
die nicht den ganzen Tag rumgammeln,
sondern als Taglöhner versuchen,
hier einen Arbeitsplatz zu buchen.
Um die Familie zu versorgen,
vielleicht sogar auch noch für morgen.

Als sie dann dort im Weinberg stehn,
muss unser Winzer leider sehn,
die Arbeiter reichen nicht aus,
so geht er noch mal außer Haus.

Vier mal den Marktplatz er ansteuert,
hat Mitarbeiter angeheuert.
Die letzten drei Stunden vor Schluss,
die Arbeit ja getan sein muss.

Mit jedem kam er überein,
für einen Denar dabei zu sein.
Die Lese geht sehr gut voran
und langsam kommt der Abend dann.

Darüber ist der Hausherr froh
und geht jetzt erst mal ins Büro.
Dort weist er den Verwalter an,
dass er den Lohn auszahlen kann.

Zuerst bekommt seinen Denar
der, der am Schluss gekommen war.
Und einer, der ganz hinten steht,
beobachtet, was vor sich geht.

Wow, was mich da wohl erwartet,
ich bin um sechs ja schon gestartet.
Das gibt wohl einen Batzen Geld,
da bin Zuhause ich der Held.

Als er ist beim Verwalter dran,
hält glatt weg er den Atem an.
Auch er bekommt nur ein' Denar,
obwohl er länger fleißig war.

Da platzt ihm innerlich der Kragen
und aufgebracht hört man ihn sagen:
„Das darf ja wohl nicht wahr sein Leute,
ich war den ganzen Tag da heute.
Das ist doch wirklich ungerecht,
ja das ist einfach fies und schlecht!"

Jetzt kommt der Hausherr auch dazu
und sorgt umsichtig mal für Ruh'.
„Habt ihr schon mal daran gedacht,
was wir heut morgen ausgemacht?

Dass ihr bekommt einen Denar,
das war doch jedem von euch klar.
Wie viel ich geb' macht euch Probleme?
Es ist doch mein's von dem ich nehme,
damit kann ich tun was ich will,
also seid alle ganz schön still."

Dies Gleichnis ist aus Jesu Tagen,
was will es uns wohl heute sagen?
Dass Wertigkeit, die wir gern geben,
oft ganz daneben ist im Leben.

Im Himmel zählen andre Dinge,
da ist oft groß das ganz geringe.
Gott lässt die Ersten letzte sein
und reiht die Letzten vorne ein.

Fürchte dich nicht

Dreihundertfünfundsechzig mal:
„Fürchte dich nicht", das ist genial.
Für jeden Tag in deinem Leben,
hat Gott die Zusage gegeben,
fürchte dich nicht ich bin bei dir,
glaube nur und traue mir.

Fürchte dich nicht vor deinem Morgen,
du änderst nichts durch deine Sorgen.
Veränderung bringt das Vertrauen,
auf Gottes Möglichkeiten bauen.
Er ebnet Wege, öffnet Türen,
die dich in seine Zukunft führen.

Fürchte dich nicht vor dem was war,
in so manch vergang'nem Jahr.
Alles Versagen alle Schuld,
nimmt Jesus dir in seiner Huld.
Bring es zum Kreuz und leg's dort ab,
dass deine Seele Frieden hat.

Fürchte dich nicht vor deinem Heute,
wo dir beschieden Kampf und Freude.
Leg es getrost in Jesu Hand
dem alles von dir ist bekannt.
Er voller Liebe zu dir spricht
„Mein liebes Kind, fürchte dich nicht!"

LIEBE

Spürst du die Liebe dort von Gott,
als er die Welt schuf durch sein Wort.
Er schuf die Erde und das Meer
und all die Dinge um dich her.
In einer Vielfalt, einer Pracht,
hat er alles wohl gemacht.
Er schuf den Menschen sich zum Bild,
ihm seine Liebe täglich gilt.

Spürst du die Liebe zu dem Volk,
das Gott erwählt hat und gewollt.
Sein auserwähltes Israel,
das oft voll Murren, voller Fehl.
Er führt sie aus der Sklaverei,
macht sie von Pharao ganz frei.
Er führt sie stets an seiner Hand,
durch die Wüste ins gelobte Land.

Spürst du die Liebe dort am Kreuz,
wo Jesus zahlt den höchsten Preis.
Er leidet einen bitter'n Tod,
damit er uns versöhnt mit Gott.
Denn jeder von uns ist ein Sünder,
und doch sind wir auch Gottes Kinder,
die er niemals verloren gibt,
weil er uns tief und innig liebt.

Spürst du die Liebe auch zu dir,
nicht durch Zufall bist du hier,
zu dieser Zeit, an diesem Ort,
wollte dich der Herr dein Gott.
Mit seiner ganzen Liebesmacht,
er über deinem Leben wacht.
Er geht mit dir durch Raum und Zeit,
bis du dereinst mit ihm vereint.

Danke Herr

Danke Herr, für deine Liebe,
die sogar den Tod besiegte,
als du am Kreuz dich hingegeben
damit wir ewig dürfen leben.
Mein Herz soll dafür offen sein,
Herr, zieh mit deiner Liebe ein.

Danke Herr, für deine Gnade,
mit der ich's jeden Tag neu wage,
vor deinen Gnadenthron zu treten,
zu dir, dem Herrn der Welt zu beten.
Mit allem kann ich zu dir kommen,
du hast dich meiner angenommen.

Danke Herr, für deine Treue,
an der täglich ich mich freue.
Wenn ich dich oft auch nicht versteh,
von deiner Hilfe gar nichts seh,
dann sagt dein Wort mir, du bist treu
und macht mein Denken wieder neu.

Danke Herr, für deine Demut,
die stets des Vaters Willen tut.
Kommst aus der Herrlichkeit herab
und doch lehnt dich so mancher ab.
Du gehst uns nach in unsre Nacht,
hast sie durch dein Licht hell gemacht.

Danke, Herr, für deinen Frieden,
den die erfahren, die dich lieben.
Wie ein Strom fließt er von oben,
selbst wenn in mir Stürme toben,
ist größer, als je mein Verstand,
denn er kommt aus deiner Hand.

Danke Herr, für deinen Sieg,
in dem für mich das Leben liegt.
Du hast von Schuld mich frei gemacht,
am Kreuz, durch dein: „Es ist vollbracht!"
Nehm' ich dies im Glauben an,
ich durch dich auch siegen kann.

Aus Klein wird Gross

Ein kleines Kind im Stall geboren,
von Gott zum König auserkoren.
Tut Wunder, heilt, liebt jedermann,
rührt das Verachtete segnend an,
rettet die Welt aus Sündennot,
ist Gott gehorsam bis zum Tod.

Ein Senfkorn, klein, man sieht es kaum,
es wächst, wird groß fast wie ein Baum.
Ist unser Glaube noch so klein,
kann groß doch seine Wirkung sein,
Versetzen kann er Sorgenberge,
bewirkt in dir auch große Werke.

Die Jünger waren nur zwölf Mann,
mit denen damals es begann.
Sie gingen hin und sie erzählten,
was sie mit Jesus so erlebten.
Dadurch gibt's Christen heut' weltweit,
Gott macht auch sie zum Dienst bereit.

Ein Kiesel achtlos im Wasser liegt
und hat doch Goliath besiegt.
Wird er gebraucht, gibt Gott die Kraft.
Ein Kiesel einen Riesen schafft.
Drum fürcht' dich nicht vor großen Dingen.
Mit Gottes Hilf lässt sich's bezwingen.

Ein Stab, ein Alltagsgegenstand,
den Gott gab Mose in die Hand,
mit ihm soll Großes er erreichen,
die Wassermassen müssen weichen.
Alltägliches in Gottes Hand
erreicht viel mehr als der Verstand.

Ein kleines Weizenkorn im Boden,
darüber Wind und Wetter toben.
Gott lässt's zu 50-fachem reifen
und man kann es kaum begreifen.
Auch in dir wirkt Gott die Frucht,
die er im Himmel bei dir sucht.

BILEAM

4. Mose 22

Wenn wir auf die andern schauen,
packt uns oft nur noch nur das Grauen.
So ging es König Balak auch,
er hatte richtig Angst im Bauch,
als er von vielen andern hörte,
wie Israel Feinde zerstörte.

Ihm kam dies Volk gefährlich nah,
der König dies mit Sorge sah.
Er setzt einen Ausschuss ein,
um zu seh'n, was jetzt muss sein.
Sie mussten gar nicht lange suchen,
sie wollten dieses Volk verfluchen.

Wussten, wer dies zu tun in Frage kam.
Ein Mann mit Namen Bileam.
Man müsste einfach mit ihm sprechen
und ihn eventuell bestechen.
So ging denn jemand zu ihm hin,
doch dieser nicht begeistert schien.

Das war doch gegen Gottes Willen,
er konnt' die Bitte nicht erfüllen.
Obwohl, geschmeichelt führt er sich,
weil Balak sagt, ich brauche dich.
Wenn du jemand den Segen bringst,
ihm einfach alles wohl gelingt.

Doch wird jemand von dir verflucht,
er den Erfolg vergebens sucht.
Doch Gott der Herr zu Bileam spricht,
verfluche du mein Volk doch nicht.
Es hat einen besond'ren Stand
und ist geschützt durch meine Hand.

Und Bileam schickt die Männer heim,
die ganze Sache soll nicht sein.
Doch König Balak ist nicht dumm,
er denkt er kriegt den Mann schon rum,
wenn er ihm bietet Gut und Geld,
oder was ihm sonst grad fehlt.

So schickt er wieder Männer hin.
Ob Bileam ändert seinen Sinn?
Und wieder ist ihm Gott erschienen,
er solle ruhig dem König dienen,
und sehn, dass er nach Gottes Willen fragt,
doch nur das tun was Gott ihm sagt.

Am nächsten Morgen zweifellos
zieht er mit den Fürsten los.
Doch Gott war zornig nun geworden,
weil um sein Volk er macht sich Sorgen,
schickt einen Engel, würdevoll,
welcher die zwei aufhalten soll.
Doch Bileam sieht den Engel nicht
aber der Esel vom Weg ausbricht.

Der arme Esel wird geschlagen,
warum denn nur muss man sich fragen.
Doch dann, dann heißt es aufgepasst,
der Weg, von Mauern eingefasst,
durch Weinberge er sie nun führt,
den Ernst der Lage Bileam nicht spürt.

Der Esel kommt der Mauer nah,
denn wieder steht der Engel da.
Und Bileam verletzt sein Bein.
Er denkt, muss das jetzt auch noch sein?
Erneut da schlägt der Mann sein Tier,
dabei kann das doch nichts dafür.

Das letzte Mal der Engel steht,
im Weg, sodass gar nichts mehr geht.
Doch nur der Esel, er sieht ihn
und legt sich vor dem Engel hin.
Bileam sieht nichts, ist nur gestresst,
jetzt Gott den Esel sprechen lässt.

„Was hab ich dir denn nur getan,
dass du mich schlägst und schreist mich an?"
„Weil du mich hier zum Narren hältst,
jett sogar auf den Bauch noch fällst!"
Gott lässt den Bileam jetzt sehen,
was auf dem Weg ist da geschehen.

Da neigt auch er sich bis zum Boden
und die Gefühle in ihm toben.
Ich habe Schuld auf mich geladen,
wie konnte ich es denn nur wagen
im Ungehorsam hinzugehen,
ich werd' sogleich wieder umkehr'n.

Doch der Engel sprach zu ihm:
„Du sollst den Weg jetzt weiter geh'n,
mein Wille soll trotzdem geschehen.
Gott will es, du sollst weiter zieh'n.
Doch rede nur was ich dir sage,
dies ich dir hier und jetzt auftrage."

So zog Bileam, der nun gescheiter,
mit den Männern folgsam weiter.
Und Balak kann es kaum erwarten,
dass die Aktion kann endlich starten.
Doch Bileam stellt erst noch klar,
dass er ein Bote Gottes war.

Er wird nur sagen, was Gott will,
ansonsten ist er lieber still.
Was er jedoch jetzt sagte war:
„Bau sieben Mal einen Altar.
Wir wollen jetzt vor allen Dingen
ein Brandopfer für Gott nun bringen
so will ich geh'n, hör'n auf den Herrn.
Zeigt er mir was, sag ich's dir gern."

Als er dann wiederkommt meint er:
„Nun lieber Balak, hör mal her.
Wie kann ich jemand Unheil wünschen,
wenn Gott nichts Böses will den Menschen?"

Dreimal Balak es noch versucht,
dass Bileam das Volk verflucht.
Doch jedes Mal spricht Bilam Gutes,
nach Gottes eig'nen Willen tut er's.
Will Gott sein Volk segnend umfassen,
kann er es nicht rückgängig machen.

Auch deine Worte haben Macht,
hast du schon mal daran gedacht?
Sie können trösten und verletzen,
oder auch liebevoll wertschätzen.
Drum will Gott, dass du Gutes redest,
dass auch du die andern segnest.

Das Kreuz

Bist du schwach, im Kreuz liegt Kraft,
die in der Schwachheit Großes schafft.
Wenn du sagst, ich kann nicht mehr,
kommt dir die Kraft vom Kreuze her,
lässt dich die Schwäche überwinden
und neuen Mut und Hoffnung finden.

Lebst du im Kampf, im Kreuz liegt Frieden,
du musst im Kampf nicht unterliegen.
Viel tiefer als unser Verstand
ist der Friede aus Jesu Hand.
Er hat den größten Kampf vollbracht,
für dich Frieden am Kreuz gemacht.

Bist du allein, im Kreuz ist Liebe,
schenkt dir Wertschätzung und Friede.
Gott reicht dir am Kreuz die Hand,
sie ist größer als der Verstand,
beugt sich hinab in deine Nacht,
hat Licht und Hoffnung dir gebracht.

Bist du verletzt, im Kreuz ist Heil,
Wiederherstellung wird dir zuteil.
Durch Jesu Schmerz, durch seine Wunden,
hast du am Kreuz das Heil gefunden.
Selbst der Riss, der Gott und Menschen teilt,
wird hier an diesem Ort geheilt.

Trifft dich Versuchung, am Kreuz ist Sieg,
am Kreuz der Feind stets unterliegt.
Jesus hat bis aufs Blut gerungen,
den Feind für dich am Kreuz bezwungen.
Der Sieg ist hier für dich bereit
und gilt für Zeit und Ewigkeit.

Scheint alles sinnlos, im Kreuz ist Leben,
es will dir Sinn und Inhalt geben.
Das Leben, das am Kreuz beginnt,
niemals nur einfach so verrinnt.
Es stets das Wohl des andern sucht,
schafft für die Ewigkeit so Frucht.

Hast du Fragen, im Kreuz ist Weisheit,
hier liegt die Antwort schon bereit.
Nicht was die Welt für weise hält,
ist es, was am Ende zählt.
Das Wort, das sich am Kreuz erfüllt,
den Durst nach Wissen in uns stillt.

Das Lamm

In der Schrift von Anfang an,
begegnen wir oftmals dem Lamm.
Ist es vollkommen und ganz rein,
kann es ein Opferlamm nur sein.
Es nimmt auf sich, was wir verschuldet,
und hat den Tod für uns erduldet.
Sein Blut befreit von Schuld, Gericht,
wovon die ganze Bibel spricht.

So war es auch in jener Nacht,
als Gott sein Volk hat frei gemacht,
von Pharao, der Sklaverei,
das alles war dank Gott vorbei.
Wo an der Türe war das Blut,
da ging's dem Erstgebornen gut.
Er durfte leben und war frei,
der Todesengel ging vorbei.

Auch in der Wüste war's ein Lamm.
Das alle Sünde auf sich nahm.
Ein jeder brachte zum Altar,
die Schuld von einem ganzen Jahr.
Man legt sie auf des Lammes Rücken
ums in die Wüste dann zu schicken,
wo es allein und elend starb,
Vergebung so fürs Volk erwarb.

Und dann das Lamm dort an dem Kreuz,
es zahlt den höchsten Liebespreis.
Dies Lamm ist der Herr Jesus Christ,
der in den Tod gegangen ist,
um für die Schuld der Welt zu sterben,
damit das Leben wir ererben.
Da wo das Lamm am Kreuz dort starb,
es uns Versöhnung mit Gott erwarb.

Seh'n wir das Lamm dann auf dem Thron,
wo nun die Macht bekommt der Sohn.
Ein jedes Knie sich vor ihm beugt
und seine Herrlichkeit bezeugt.
Es sieht das Buch des Lebens an,
denn nur das Lamm es öffnen kann.
Wer auf dem Weg des Glaubens geht,
in diesem Buch des Lebens steht.

Wir sind das Lamm des guten Hirten,
der liebevoll sucht den Verirrten.
Scheut keine Mühe, keinen Weg,
bis er's sieht auf falschem Steg,
dann trägt er es voll Liebe heim,
darüber kehrt die Freude ein.
Im Himmel feiert man ein Fest,
wenn einer sich nur retten lässt.

David und Goliath

Als Saul König in Israel war,
war auch nicht alles wunderbar.
Von Gegnern war er meist umgeben,
musste in Krieg und Feindschaft leben.
Die schlimmsten waren die Philister,
die Aussicht auf den Sieg war düster.

Ein Zweikampf sollte nun entscheiden,
wer Sieger wird von beiden Seiten.
Für die Philister kämpft ein Mann,
den man kaum beschreiben kann.
Furchterregend, stark und groß,
ein unbezwingbarer Koloss.

Täglich lacht er die Krieger aus,
und fordert sie zum Kampf heraus.
Er ist so voller Spott und Hohn,
das Heer läuft grad vor ihm davon.
Sie haben immer neu vor Augen,
dass sie zu diesem Kampf nicht taugen.

Genau in diese Situation
kommt David, des Isai's Sohn.
Der Vater hatte ihn gesandt,
zu seh'n, wie's um die Brüder stand.
Er sieht den Riesen, sein Gebaren,
wie eingeschüchtert alle waren.

Er hört sein Brüllen, hört sein Schrei'n
und will mit Gott sein Gegner sein.
Er teilt Saul mit seinen Entschluss
und dieser erst mal schlucken muss.
In seinem Heer ist nicht ein Mann,
den er zum Kampfe schicken kann.

Was traut sich dieser Junge zu,
er wird vernichtet sein im Nu
von diesem Riesen Goliath,
der wirklich Kraft und Willen hat,
die Israeliten zu besiegen,
bestimmt wird David unterliegen.

Doch dieser antwortet dem König:
„Ich habe Gott, das ist nicht wenig.
Ich hab' gekämpft mit Wolf und Bären
und konnte mich erfolgreich wehren,
denn Gott, der Herr, gab mir die Kraft,
mit seiner Hilf' hab ich's geschafft."

Schließlich willigt der König ein,
lässt David seinen Kämpfer sein.
Doch ohne Rüstung wird's nicht geh'n,
das kann ein jeder doch hier sehn.
Saul will ihm seine Rüstung geben,
dass David schützen kann sein Leben.
Doch leider passt er nicht hinein,
und so lässt er es einfach sein.

Voll Gottvertrauen zieht er los,
doch halt, was macht er denn da bloß?
Er geht zum Bach, sucht Munition,
ein kleiner Kiesel reicht ihm schon.
Diesen legt er in die Schleuder,
dann geht er ganz gelassen weiter.

Der Riese kommt auf David zu,
doch dieser handelt ganz in Ruh.
Er schwingt die Schleuder immer schneller,
ihr Pfeifton, er wird hell und heller.
Dann schießt der Kiesel, gar nicht groß,
durch die Luft, wie ein Geschoss.

Er trifft den Riesen an der Stirn,
der wankt und stolpert und fällt hin.
Er ist grad wie vom Blitz getroffen
und Israel kann wieder hoffen.
Und wirklich, Goliath ist tot,
der junge David siegt durch Gott.

Auch heute noch in unsrer Zeit,
steht mancher Goliath bereit.
Er nennt sich Krankheit, Sorge, Not,
doch derselbe bleibt auch Gott.
Unser Kiesel ist der Glaube,
den kein Goliath uns raube.

Mit unsrer Schleuder, dem Gebet,
mit Gott man in Verbindung steht.
Ist dieser Herr an unsrer Seite,
wird Goliath besiegt auch heute.

Durch Christus

Durch deine Gnade bin ich reich,
grad einem Königskinde gleich,
denn was ich bin und was ich habe
kommt alles her von deiner Gnade.

Ich bin ein Glied am Leib des Herrn,
mit vielen andern nah und fern.
Verbunden durch das Haupt, durch dich,
baust du Gemeinde auch durch mich.

Durch deine Kraft, Herr, bin ich stark,
sie meine Schwachheit Lügen straft.
Nur deine Kraft hilft mir voran,
dass jeden Tag ich leben kann.

Ich bin ein Kind von Gott dem Vater,
der mir nicht ist nur ein Berater.
Er trägt mich durch mein ganzes Leben,
schenkt täglich reichlich seinen Segen.

Durch dich, Herr, bin ich Überwinder,
du hast den Sieg für deine Kinder.
Will auch der Feind zu Fall mich bringen,
er kann dein Kreuz, Herr, nicht bezwingen.

Die Arche

Familie Holzwurm froh und frisch
sitzt im Baum beim Mittagstisch.
Die Borkensuppe hat gut gerochen,
doch plötzlich sind sie sehr erschrocken.
Ein Riesenlärm sich da erhebt,
der Baum, er zittert und er bebt.

Er geht zum Astloch und schaut raus,
wie sieht's da unten denn nur aus?
Da sind Menschen, die Unruh' schaffen,
was die da unten denn nur machen?

Mit Axt und Säge in der Hand
war'n sie den Bäumen zugewandt.
Die Bäume wurden umgehauen,
die wollten da wohl etwas bauen.

Solange er noch Ausschau hält,
wird auch ihr schöner Baum gefällt.
Im Fallen denkt er noch daran,
ob er sein Leben retten kann?

Als er dann unten angekommen,
hat noch kein End die Not genommen.
Jetzt wird das Holz auch noch zersägt,
auch hier er knapp dem Tod entgeht.

Mit den Nerven fertig und zwar komplett,
finden sie sich wieder in einem Brett.
Genau dies Brett, der Wurm, er schaut,
wird in ein großes Schiff verbaut.

Moment – ein Schiff, auf trocknem Land,
da fehlt's doch wirklich am Verstand.
So auch all die Leute denken,
die kommen und die Hälse renken.

Sie machen Witze, spotten, lachen,
was macht der Noah denn für Sachen?
Doch der fährt mit dem Bauwerk fort,
denn sein Auftrag kam von Gott.

Die Leute waren sehr verdorben,
das blieb bei Gott auch nicht verborgen.
Er wollte nun die Menschen richten
und sie durch eine Flut vernichten.

Nur Noah wollte er verschonen
mit der Familie, rund 8 Personen.
Auch von den Tieren je ein Pärchen,
soll Noah retten, es ist kein Märchen.

Die Tiere kamen, groß und klein,
da müsste viel Logistik sein.
Welches Tier stellt man wohin,
bis alle in der Arche drin?

Noah, der gut die Arche kennt,
betätigt sich als Disponent.
Familie Holzwurm schaut nicht schlecht,
da kommt wahrhaftig auch ein Specht.

Er wird sich doch wohl nicht vergessen
und sie zum Abendessen fressen?
Nein, denn auch ans Futter war gedacht,
das hatte Noah gut gemacht.

Der Wurm denkt sich, mit all den Tieren,
das wird zu Mord und Totschlag führen.
Er sieht Vögel, Katzen, Schnecken,
kann zwei von jeder Art entdecken.

Am Schluss kommt noch das Känguru
und dann macht Gott die Türe zu.
Kaum ist verschlossen nun der Kahn,
da fängt's auch schon zu regnen an.

Erst gibt es Pfützen und dann Seen,
bald ist das Land nicht mehr zu sehn.
Selbst über höchsten Bergeshöhen,
noch 7 Meter Wasser stehen.

Das Wasser trägt die Arche fort,
an einen unbekannten Ort.
Nach ungefähr dem 10. Tag,
an dem es nur den Regen gab,
hält es Herr Holzwurm nicht mehr aus,
er muss aus diesem Brett mal raus.

Er bohrt sich durch die Bretterwand
bis er im Bauch des Schiffs sich fand.
Wie viele Tiere stehen da,
mit großen Augen er es sah.

Er will mal nachseh'n, was so geht
und wer da alles liegt und steht.
Er unterhält sich mit 'ner Schabe,
stellt der Schnecke eine Frage,
macht Smalltalk mit der Ameise,
kommt so voran in guter Weise.

Plötzlich gibt's über ihm Rabatz,
zwei Bären streiten um mehr Platz.
Auch andre hätten nichts dagegen,
könnt man sich etwas mehr bewegen.

Naja ein Luxusdampfer ist dies nicht,
doch trägt die Arche durchs Gericht.
Jeder der an Bord gekommen,
ist vom Tode ausgenommen.

Während Wurms Erkundigungsgang
geschieht, was keiner wirklich glauben kann.
Es kracht, es schlingert und es schrammt,
als hätten sie etwas gerammt.

Sie sind gelandet akkurat
auf dem Berge Ararat
Und Noah holt sich einen Raben,
er möchte gern Gewissheit haben,
wie's draußen mit der Flut so steht
ob schon zurück das Wasser geht.

Des Öftern fliegt der hin und her,
dann kommt er einfach gar nicht mehr.
Trotzdem schickt Noah noch 'ne Taube,
weil er der Sache nicht ganz traute.

Die kommt am Abend müd und matt,
doch hat im Schnabel sie ein Blatt.
Da wissen alle jetzt ist's so weit,
machen zum Ausstieg sich bereit.

Schnell kehrt der Wurm ins Brett zurück,
berichtet seiner Frau das Glück.
Und wirklich, bald geht auf die Tür,
recht dankbar ist jeder dafür.

Endlich Bewegung, frische Luft,
das manches in Erinn'rung ruft.
Sie sehn am Himmel einen Bogen,
mit schönen Farben ausgewogen.

Mit diesem Bogen tut Gott kund,
ich schließ mit euch 'nen neuen Bund:
Auf jede Nacht, da folgt ein Tag,
die Saat euch Ernte bringen mag.

Immer wird's Frost und Hitze geben,
Sommer und Winter, das ganze Leben.
Mit Gnade will ich auf euch blicken
und niemals eine Flut mehr schicken.

Ws hat das aus vergang'nen Tagen
uns heute denn wohl noch zu sagen?
Auch wir steh'n einmal im Gericht,
in dem Gott unser Urteil spricht.

Ewiges Leben, ewiger Tod –
welch Urteil spricht bei dir wohl Gott?
Unsre Arche ist der Glaube an den Herren Jesus
Christ,
der am Kreuz den Tod besiegte
und für uns das Leben ist.

GEBOTE

1. Mose 20, 2 ff.

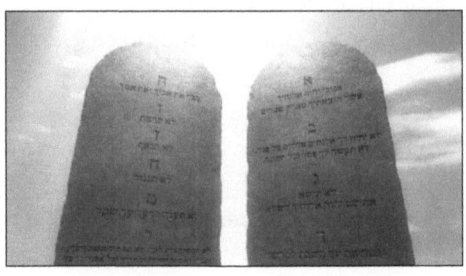

Gott der Herr gab uns Gebote,
sie sind nicht einfach nur Verbote.
Aus Liebe hat er sie gegeben,
sie bieten Schutz und Halt im Leben.
Wie eine Leitplanke der Straße
schützen sie uns in hohem Maße.
Jeder Bereich in unserm Leben,
ist von diesem Schutz umgeben.

Die Gebote sie umgeben
wie ein Rahmen unser Leben.
Drin dürfen wir uns frei bewegen
und erleben Gottes Segen.

Fallen wir aus dem Rahmen raus
macht unser Gott ein Kreuz daraus.
Vergebung dürfen wir empfangen
und immer wieder neu anfangen.

Jedes Gebot ist hier erfüllt,
Gottes Wunsch nach Recht gestillt.
Denn durch Jesu Christi Blut
wurde aller Schaden gut.
Für unsre Zeit, für unser Leben,
ist uns ein neu Gebot gegeben.
Auf dieses sollen wir stets achten,
nach Gottes Liebe immer trachten.

Liebe Gott und deinen Nächsten
grad wie dich selbst, das ist am besten.
Denn daran soll man die erkennen,
die nicht sich Gottekind nur nennen,
sondern in dem was sie auch tun
in Gottes Liebesauftrag ruh'n.
Wer dies zu tun nun ist gewillt,
der hat ganz das Gesetz erfüllt.

GIDEON

Richter 6, 11 ff

Ein Land mit vielen Völkerstämmen
war oft nicht friedlich grad zu nennen.
So ging es auch den Israeliten,
die unter den Midianitern litten.
Sie taten das, was Gott missfiel,
kamen jedoch so nicht zum Ziel.

Für sieben Jahre lies Gott zu,
dass Israel kam nicht zur Ruh.
Sie wurden in vielem eingeengt,
von den Midianitern hart bedrängt.
Sie sich nicht mehr zu helfen wussten,
sich in die Berge retten mussten.

Doch auf den Feldern unten im Tal,
gab's ein Desaster jedes Mal.
Kaum fing das Korn zu reifen an,
warn die Feinde vorne dran.
Auch andre, nicht nur Midianiter,
machten einfach alles nieder.

Die Sache war schon mehr als widrig.
Sie ließen einfach gar nichts übrig.
Sogar die Esel und das Vieh
der Israeliten raubten sie.
Doch Gideon, des Joaschs Sohn,
könnte retten etwas vom Korn.

So war er nun dort in der Kelter
und drosch die magre Frucht der Felder.
Als er mal in die Runde blickt,
sieht er 'nen Engel, den Gott schickt.
Er sagt, Gott steht dir bei du stärker Kämpfer,
er ist bei dir, dein starker Helfer.

Ich wünschte sehr du hättest Recht,
doch warum geht's uns dann so schlecht?
Wo sind die Wunder früherer Tage?
Wie oft stell ich mir diese Frage.
Die Eltern machte er doch frei,
aus der Ägypter Tyrannei.

Doch jetzt, jetzt hat er uns vergessen.
Die Feinde freun sich unterdessen.
Der Herr sagt: „Darum bin nicht hier,
ich bringe einen Auftrag dir.
Geh hin und rette Israel,
denn für dich wird das kein Problem.
Ich geb dir Weisheit und die Kraft,
damit die Aufgabe du schaffst.

Du schlägst den Feind von Midian,
grad so als wär es nur ein Mann."
„Herr, stehst du zu mir und bist du Gott,
so gib ein Zeichen in der Not.
Bitte, bleibe doch noch hier,
ich will 'ne Gabe holen dir."

„Ich warte, bis du kommst zurück!"
Gideon ist voller Glück
und er bereitet dann im Nu
für seinen Gast ein Essen zu.
Doch dieser lässt das Essen sein
und sagt: „Leg es auf diesen Stein."

Gideon gehorcht, er legt es hin,
sieht darin aber keinen Sinn.
Was er erlebt dann macht ihm klar,
dass dies das Zeichen für ihn war.
Der Engel berührt mit seinem Stab,
das Essen, das hier vor ihm lag.

Ein Feuer, wie in einem Schlot,
verzehrte beides, Fleisch und Brot.
Daraufhin ist der Engel weg,
doch Gideon bekommt 'nen Schreck.
Er hat das Angesicht des Herrn gesehen,
muss er jetzt sterben und vergehen?

„Die Angst kannst du beiseiteschieben,
denn ich schenk dir meinen Frieden."
In der Nacht trug Gott ihm auf,
„Geh zur Bergfestung hinauf.
Reiß die Götzen deines Vaters nieder
bau mir einen Altar hier wieder."

Hier zu gehorchen fällt ihm schwer,
er fürchtet die Familie sehr.
Dann hat er sich im Schutz der Nacht,
ganz heimlich auf den Weg gemacht.
Was Gott befohlen, führt er aus,
dann geht er heim und schleicht ins Haus.

Morgens war'n alle sehr empört,
wer hat die Statuen nur zerstört?
Wer hatte sich denn da getraut,
und Gott einen Altar gebaut?
Man forschte nach und fand heraus
der Gideon war's aus Joaschs Haus.

Sie forderten „Joasch, gib ihn raus,
mit Gideon ist es jetzt aus.
Wer unsern Gott legt so in Scherben,
der muss ganz klar zur Strafe sterben!"
Doch Joasch kontert drauf und spricht,
„Ihr Leute eins versteh ich nicht.

Nen Gott, den ihr noch retten müsst,
man doch gut am besten schnell vergisst.
Kann er nicht für sich selber sprechen,
wenn nötig auch sich selber rächen?"
Die ganzen Völker aus dem Osten,
bezogen kriegerisch nun Posten,

bildeten ein Heer, sehr groß
und zogen gegen Israel los.
Für Gideon, den Gottes Geist erfüllt,
es unverzüglich nun zu handeln gilt.
Er ruft zusammen alle Stämme,
zu sehn wen er als Kämpfer nehme.

Wie es mit Gideon weitergeht,
ihr im zweiten Teil dann seht.

Gideon Teil 2

Gideon der junge Mann,
sich nicht so recht entscheiden kann.
Er wollte nichts allein erreichen,
erbat von Gott ein zweites Zeichen.
„Die Wolle, die ich ausleg jett,
sei morgen früh vom Tau benetzt,

der Boden jedoch ringsum trocken",
so bittet er ganz unerschrocken.
Gott ließ es grade so geschehen,
wie Gideon es vorgesehen.
Ein drittes Mal bittet er darum
„Herr, mach es morgen andersrum."

Auch dies geschieht, Gideon ist klar,
dass das der Zuspruch Gottes war.
Nun rief er alle die zusammen,
die für den Kampf in Frage kamen.
Gott meint, der Leute sind zu viel,
der Kampf mit weniger ist mein Ziel.

Wer Angst hat, den schick wieder weg,
denn Ängstlichkeit hat keinen Zweck.
10 000 war'n danach noch da,
dies Gideon mit Sorge sah.
Doch Gott warn's immer noch zu viel,
noch weniger, das war sein Ziel.

Er sagt: „Wer in dem Kampf ist nicht so helle,
das teste nun dort bei der Quelle.
Wer hinkniet und vom Wasser trinkt
im Kampfgeschehen uns nichts bringt,
doch wer sich bückt, trinkt aus der Hand,
ist vorsichtig und hat Verstand."

So lenkte Gott mit treuer Hand,
wer diesen Auswahltest bestand.
Dreihundert blieben da noch übrig,
die Zahl schien Gideon zu niedrig.
Doch Gott will grad mit diesen siegen.
Der Feind soll ihnen unterliegen.

Gerade wie ein Schwarm Heuschrecken
die Feinde bald das Tal bedecken.
Wär Gott nun nicht an Gideons Seite,
so suchte er wohl jetzt das Weite.
Doch soll er zum Rand des Lagers gehen
und versuchen zu verstehn,

was da denn so geredet wird,
und was der Feind im Schilde führt.
Was er d hört, er glaubt es kaum,
da redet einer von einem Traum.
Ein Brotlaib rollt wie eine Lawine,
zerstört alles wie ne Maschine,

die Zelte so am Boden lagen,
als hätt' ne Bombe eingeschlagen.
Der andre sagt: „Das ist doch klar,
dass das, das Schwert von Gideon war.
Gott der Herr hat unser Leben,
komplett in seine Hand gegeben."

Und Gideon, er hört und staunt
geht in sein Lager, gut gelaunt.
Dann weist er die Soldaten an:
„Bildet drei Gruppen á 100 Mann."
Jeder bekam nun einen Krug,
mit einer Fackel, das war genug.

Noch ein Signalhorn in die Hand,
daraus die Ausrüstung bestand.
Rings um den Feind stellen sie sich auf,
und so nahm alles seinen Lauf.
„Achtet genau drauf, was ich tu,
macht es mir nach und es wird gut."

Als die mittlere Nachtwache begann,
da fing ein Mordsgetöse an.
Die Feinde fühlten sich umringt,
ein Durcheinander nun beginnt.
Sie kämpften gegen die eignen Männer,
das war nicht grad der große Renner.

Sie wurden panisch und sie schrien,
hatten nur das Ziel zu fliehen.
Und Gideon, ihm wurde klar,
dass das das Wirken Gottes war.
Gott hatte ihm den Sieg versprochen
und sein Versprechen nicht gebrochen.

Stellt sich auch dir vieles entgegen,
Gott ist da mit seinem Segen.
Vielleicht nicht so, wie du's gedacht,
doch hat er's immer gut gemacht.
Trau seiner Führung und werd still,
dann mag grad kommen, was da will.

GNADE IST ...

Geschenk

Die Gnade ist Geschenk und Gabe,
die ich von Gott erhalten habe.
Ich muss nichts leisten und nichts bringen,
um mir die Gnade zu erzwingen.
Gott hat dies Geschenk versprochen,
hat sein Versprechen nicht gebrochen.

Name

Die Gnade hat einen Namen,
er sprengt unsern Lebensrahmen.
In Jesus Christus, Gottes Sohn
wird die Gnade zur Person.
Er nimmt die Schuld, liebt uns so sehr,
seine Gnade kann alles und mehr.

Annahme

Gnade nimmt mich an wie ich bin,
verändert mich zu Jesus hin.
Sie ändert das Denken, Handeln und Tun,
lässt mich in Jesu Frieden ruh'n.
Er hat mich in Gnaden angenommen,
ich hab' Vergebung und Leben bekommen.

Dauerhaft

Die Gnade ist kein Schlussverkauf
und hört nicht einfach wieder auf.
Sie weicht nicht von uns, ist jeden Tag neu,
Gnade ist immer beständig und treu.
Bis ans Ende der Zeit wird sie uns begleiten
und uns im Himmel die Wohnung bereiten.

Erneuerung

Die Gnade setzt neue Prioritäten,
nimmt weg das Alte, lässt Neues werden.
Es zählt nicht mehr nur Gut und Geld,
die Liebe ist es, die jetzt zählt.
Liebe und Gnade in Gottes Sohn,
bezahlt am Kreuz der Sünde Lohn.

Gottes Kind

Fühl ich mich manchmal schwach und klein,
darf ich doch Kind des Vaters sein.
Des Vaters, der die ganze Welt
in seinen guten Händen hält.
Der mich sein Kind unsagbar liebt
und voller Güte nach mir sieht.
Darüber mein Herz dankbar singt,
ich bin und bleibe doch sein Kind.

Wenn ich mal eigne Wege geh,
weil ich die seinen nicht versteh,
zieht er sich von mir nicht zurück,
sondern geht mit mir Stück für Stück,
rührt mich mit seiner Liebe an,
dass ich den Fehler sehen kann,
hilft, dass zurück zu ihm ich find,
denn ich bin und bleib sein Kind.

Bin ich mal ängstlich und brauch Schutz,
weil's eigne Können gar nichts nutzt,
reicht der Vater mir die Hand,
gibt Sicherheit und festen Stand.

Sagt „Hab keine Angst ich bin bei dir,
für dich gibt's Sicherheit bei mir."
Beim Vater ich stets Zuflucht find,
denn ich bin und bleib sein Kind.

Weil Gott mein guter Vater ist,
trag ich froh den Namen Christ.
Seit ich sein Kind geworden bin,
geh jeden Tag ich zu ihm hin,
bin dankbar, dass er mir begegnet,
mich immer wieder reichlich segnet.
Wie hab ich's gut ich weiß, es stimmt,
ich bin und bleibe stets sein Kind.

ICH BIN BEI DIR

Jesaja 43, 1–7

FÜRCHTE DICH NICHT, ich bin dir nah,
ich bin immer für dich da.
Was auch das Leben bringen mag,
ich liebe dich an jedem Tag.
Schau nicht auf dich und deine Kraft.
Hab keine Angst, ich hab's vollbracht.

Wenn auch der Feind dir Furcht einflößt,
dann komm zum Kreuz, DU BIST ERLÖST.
Ich habe meinen Sohn gegeben,
damit vom Tod du kommst ins Leben.
Durch die Erlösung bist du frei,
von der Sündensklaverei.

BEI DEINEM NAMEN RUF ICH DICH,
du bist nicht anonym für mich.
Ich kenn dich bis ins Herz hinein,
werd für dich wie ein Vater sein.
Hör auf mein Rufen, komm zu mir,
ewiges Leben schenk ich dir.

Ja, DU BIST MEIN, gehörst zu mir,
der Heil'ge Geist bezeugt es dir.
Nichts wird von meiner Lieb' dich trennen,
das wirst du immer mehr erkennen.
Drum fürchte nichts, vertraue nur,
dann läufst du in der rechten Spur.

JONA

In einer Stadt wie Ninive,
da herrscht ein Klima, das tut weh.
Mord und Totschlag, Lug und Trug,
gab es in der Stadt genug.
Die Menschen waren voller Neid,
zu jeder Untat schnell bereit.

Die Bosheit stieg zum Himmel auf,
Gott reagierte bald darauf.
Er müsste diese Stadt vernichten,
wollt' er die Sünde endlich richten.

Doch weil er Gott ist und voll Liebe,
sucht er den Weg, der ihm noch bliebe.
Er will der Stadt 'ne Chance geben,
den Menschen retten doch ihr Leben.

Würden sie umkehr'n, alles beenden,
könnt man die Sache doch noch wenden.

So gibt dem Jona er Bescheid
und sagt ihm: „Auf, mach dich bereit,
geh hin an diesen schlimmen Ort,
sag klar und deutlich dort mein Wort."

„Ich kann das nicht, ich will das nicht,
ich predige nicht das Gericht.
Ich werd' so tun als wär nichts geschehen,
grad in die andre Richtung gehen.

Ich fliehe einfach schnell vor Gott,
dann ist beendet meine Not.
Ich nehm' ein Schiff und stech' in See,
geh niemals hin nach Ninive."

Ein Schiff, das Richtung Tarsus fährt,
wird nun für Jona zum Gefährt.
Er ist an Bord da auch willkommen,
wird auf die Reise mitgenommen.

An Bord fühlt er sich wieder sicher
und legt sich gleich zum Schlafen nieder.
So spürt er nicht des Schiffes Wanken,
dass Wellen schlagen auf die Planken.

Doch dann ist er schlagartig wach,
was pfeift denn da und ächzt und kracht?
Er hat es gar nicht mitbekommen,
dass ein mächt'ger Sturm begonnen.

Die Matrosen geben alles,
dass nicht passiert der Fall des Falles.
Dann merken sie, es hilft nichts mehr,
das Schiff ist einfach viel zu schwer.
Alles, was sie nicht nötig brauchen,
das sammeln sie auf einen Haufen,
sie werfen es ins Meer hinein,
das Schiff wird dadurch leichter sein.

Ein jeder bittet seinen Gott,
dass er ihm helfe in der Not.
Der Steuermann spricht Jona an,
ob er denn nicht auch beten kann.

Und Jona war es ganz glasklar,
dass er am Sturme schuldig war.
Sein Ungehorsam gegen Gott,
brachte das ganze Schiff in Not.

Er sagt: „Werft mich nur über Bord,
dann schweigt der Sturm gewiss sofort!"
Und wirklich werfen sie ihn raus,
das sieht für Jona nicht gut aus.

Die Wellen toben um ihn her,
da tut mit schwimmen er sich schwer.
Seine Kräfte langsam schwinden,
und er beginnt im Meer zu sinken.

In des Wassers fahlem Licht
sieht er 'nen Wal vor dem Gesicht.
Der sperrt weit auf den großen Mund
und Jona rutscht durch seinen Schlund.
Der Wal, er war geschickt von Gott,
Jona zu retten aus der Not.
Er schwimmt nach Ninive zum Strand
und spuckt den Jona dort an Land.

Der geht jetzt in die Stadt hinein,
um Bote des Gerichts zu sein.
Vom König, bis zum kleinsten Mann,
nehmen sie die Botschaft an.

Sie tun Buße und kehr'n um,
Gott will sie nicht vernichten drum.
Jona den Schritt stadtauswärts lenkt,
will seh'n, was Gott zu tun gedenkt.

Die Sonne brennt, der Wind weht heiß,
von seiner Stirn, da rinnt der Schweiß.
Im Innern ist er recht verdrossen,
dass Ninive hat Gnad' genossen,
dass Gott nicht straft und hält Gericht,
das gefällt dem Jona nicht.

Er sitzt nun da und schwitzt und schmachtet,
doch Gott auch hier auf Jona achtet.
Über Nacht wächst da ein Baum,
der spendet Schatten, wie im Traum.

Doch kaum ist er gewachsen dort,
ist er am nächsten Tag verdorrt.
Ein kleiner Wurm, den Gott geschickt,
dem Baum ganz schnell bricht das Genick.

Dem Jona tut das sehr, sehr leid,
er hatte sich doch so gefreut.
Gott sagt: „Dir tut es Leid um diesen Baum,
doch an die Menschen denkst du kaum,
sollten sie wirklich alle sterben
und keine Gnade sich erwerben?

Die Schuld haben sie eingesehen,
sind umgekehrt von ihrem Leben.
Drum bin ich gnädig und vergebe,
dass jeder nun von Neuem lebe.

So wird es jedem Menschen gehen,
wer zu mir kommt, dem wird vergeben,
egal, wie groß die Schuld auch sei,
durch Jesu Kreuz sprech' ich ihn frei."

OHNE GNADE?

Wie ein Haus, das ohne Dach ist,
bin ich ohne Gnade, Herr,
allem schutzlos ausgeliefert,
jedem Sturm rings um mich her.

Wie ein Segel ohne Wind,
bin ich ohne Gnade, Herr,
ohne Antrieb nur noch Flaute,
überleben wird da schwer.

Wie ein Auto ohne Motor,
bin ich ohne Gnade, Herr,
komm nicht zurück und auch nicht vor,
habe keinen Antrieb mehr.

Wie ein Weg, der gar kein Ziel hat,
bin ich ohne Gnade, Herr.
Ich werd' lustlos, müd' und matt,
beweg mich nur im Kreisverkehr.

Wie ein Buch ganz ohne Seiten,
bin ich ohne Gnade, Herr,
hab' keine Botschaft zu verbreiten,
bin nur noch Hülle, innen leer.

Herr ich brauche deine Gnade,
die an jedem Morgen neu.
Sie ist deine große Gabe
und ein Zeichen deiner Treu.

OSTERN

Die Trauer in den letzten Tagen
war für sie fast nicht zu ertragen.
Sie hatten sich durch ihn gefunden,
war'n miteinander tief verbunden.

Er war ihr Vorbild, Freund und Meister
und brachte sie im Leben weiter.
Er hatte ihnen viel erklärt,
gezeigt was wirklich etwas wert.

Er war gerecht und voller Liebe,
was ihnen jetzt wohl von ihm bliebe?
Wie soll'n sie in die Zukunft sehn,
bei alledem, was hier gescheh'n?

Ihr Jesus war nun nicht mehr da,
er fand den Tod auf Golgatha.
Wohin auch die Gedanken liefen,
sie ihnen in Erinn'rung riefen,
sein Leben war ein Geben nur,
sein Wesen war die Liebe pur.

Und nun war alles aus, vorbei,
die Trauer riss ihr Herz entzwei.
Heut war nun schon der dritte Tag,
an dem ihr Herr im Grabe lag.

Ein paar von ihnen wollten geh'n
und dort mal nach dem Rechten sehn.
Das Herz war schwer schleppend der Tritt,
so geh'n sie langsam, Schritt für Schritt.

Am Grab sie steh'n dann wie im Traum,
was sie hier sehn, sie glauben's kaum.
Sehr erschreckt und tief betroffen
nehmen sie wahr, das Grab ist offen.

Sie fassen Mut und geh'n hinein,
das ist nicht wahr, das kann nicht sein!
Jesus ist weg, das Grab ist leer,
sie finden ihren Herrn nicht mehr.

Da denken sie ganz unverhohlen,
wurde der Leichnam gar gestohlen?

So wie sie war'n, voll Angst und Sorgen,
bleiben zunächst ihnen verborgen,
die Männer, die das alles ändern,
in ihren strahlenden Gewändern.

Sie sagen mit sehr klaren Worten:
„Was sucht ihr Jesus bei den Toten?
Euer Herr er lebt, ist auferstanden."
Erst haben sie es nicht verstanden.
Nur ganz langsam sie begreifen,
die Wahrheit kann in ihnen reifen.

Sie denken dran, was sie gehört,
dass der Tempel wird zerstört
und in drei Tagen aufgebaut,
sie hatten ungläubig geschaut.

Doch langsam kommt nun Freude auf,
sie rennen heim im Dauerlauf.
Das müssen sie den andern sagen,
die davon keine Ahnung haben.

Petrus, der's von den Frauen hört,
wirkt daraufhin doch recht verstört,
er hält es glattweg für ein Märchen,
da geht doch wohl nicht rund ein Rädchen.

Das ist mal wieder typisch Frau,
er will's jetzt wissen, ganz genau.
Er geht zum Grab und staunt nicht schlecht,
die Frauen hatten wirklich recht.

Das Grab war leer, Jesus war weg,
Petrus ging heim, verstört, erschreckt.
Darüber sprachen die Jünger grad,
als in das Zimmer Jesus trat.

„Fürchtet euch nicht", sprach er zu ihnen,
sie dachten, dass ein Geist erschienen.
Doch bei den Worten, die er sprach,
hörten sie zu und zwar hellwach.

„Ich lebe, bin aus Fleisch und Blut,
habt keine Angst, alles ist gut.
Um es euch praktisch zu beweisen,
werd' ich jetzt etwas mit euch speisen.

Gebt mir vom Brot und auch vom Wein,
und lasst das Zweifeln endlich sein!"
Als es gefasst dann der Verstand,
dass Jesus hier vor ihnen stand,
da war die Freude riesengroß
und ließ die Jünger nicht mehr los.

Nur schad', dass nicht zugegen war,
der größte Zweifler in der Schar.
Als Thomas kam und davon hörte,
er sich schon beinah empörte.

„Ich glaube erst die frohe Kunde,
wenn ich berühr der Nägel Wunde!"
Und Jesus geht auf Thomas ein,
lässt ihn des Wunders Zeuge sein.

Er darf die Wundmale berühren
und seine große Liebe spüren.
Er kommt vom Zweifel so zum Glauben
lässt sich die Freude nicht mehr rauben.

Das was die Jünger hier erleben,
kann es in jedem Leben geben.
Wir sehn das Kreuz, den Tod, das Ende
und heben hilflos unsre Hände.

Jedoch, das Kreuz, es hat zwei Seiten,
die sich so überhaupt nicht gleichen.
Steh'n wir davor, seh'n wir den Tod,
das bringt uns Menschen Angst und Not.

Die Auferstehungsseite hinten,
wir auf den zweiten Blick erst finden.
Sie wirkt hinein in unser Heute,
bringt uns Hoffnung, Kraft und Freude.

Dies alles soll'n wir nicht verschweigen,
sondern es allen Menschen zeigen.
Jesus, er schickt uns in die Welt,
dass jeder die Möglichkeit erhält,
zu wählen zwischen Tod und Leben.
Für jeden kann es Rettung geben.

WACHSTUM

Ein Weizenkorn liegt in der Erde,
dass eine Ähre daraus werde.
Aus einem Korn da werden viele,
das ist des Wachstums großes Ziele.
Es braucht die Wärme und das Licht,
denn ohne diese wächst es nicht.
Es braucht das Wasser und die Erde
und auch den Wind, dass stark es werde.

So ist es auch mit unsrem Glauben.
Gott schenkt, was wir zum Wachsen brauchen.
Die Erde, das ist Gottes Wort,
ganz sicher ruht der Glaube dort.
Sie gibt dem kleinen Korn den Halt,
formt mit dadurch des Halms Gestalt.
Drum halt am Worte Gottes fest,
das deinen Glauben wachsen lässt.

Die Sonne ihm die Wärme bringt,
die tief bis in das Erdreich dringt,
wo sie des Kornes Schale bricht,
und ein Keimling wächst ans Licht.
Die Liebe Jesu, die in uns dringt,
das harte Herz zum Schmelzen bringt.
Wo wir nach dieser Liebe trachten,
bringt das den Glauben stets zum Wachsen.

Ohne Wasser gibt's kein Leben,
auch die Ähre braucht den Regen,
der bis in jede Faser dringt,
und den Halm zum Wachsen bringt.
Jesus Christus ist der Quell,
reich an Wasser, klar und hell.
Wo wir auf diese Quelle achten,
lässt das unsern Glauben wachsen.

Der Wind, der oft so kräftig bläst,
macht eine Ähre stark und fest.
Die Wurzeln tief ins Erdreich dringen
und so den festen Stand ihr bringen.
So mancher Sturm in unserm Leben,
kann gutes Wurzelwerk uns geben.
Drum lasst den Sturm uns nicht verachten,
durch ihn wird unser Glaube wachsen.

Steht eine Ähre ganz allein,
knickt schon bei schwachem Wind sie ein.
Doch in Gemeinschaft auf dem Feld,
sie auch dem Sturm noch Stande hält.
Drum leb den Glauben nicht allein,
Geschwister können hilfreich sein.
Wenn du in der Gemeinschaft stehst,
das deinen Glauben wachsen lässt.

Zeit

Ein Tag sich an den andern reiht,
wie in der Sanduhr rinnt die Zeit,
Gott schuf die Zeit und nicht die Eile,
er schuf auch keine Langeweile.
Die Zeit verrinnt, sie wird verschenkt,
an alte Zeiten man gern denkt.
Man schlägt sie manchmal sogar tot,
doch meine Zeit gehört nur Gott.

Alle Tage sind gleich lang,
was fange ich mit ihnen an?
Habe ich die Zeit gefunden,
in diesen 24 Stunden,
um alles einmal wegzulegen,
und im Gebet mit Gott zu reden,
in seinem guten Wort zu lesen
und seine Gegenwart genießen?

Die Zeit, die ich im Leben habe,
ist ein Geschenk, bedeutet Gnade.
Wie viele solch geschenkter Tage,
ich in meinem Leben habe,
weiß Gott, der Herr, nur ganz allein.
Will drum mit ihnen achtsam sein,
will gern nach Gottes Willen fragen
und seine Liebe weitertragen,
bis zu dem Tag, den Gott bestimmt,
wo er mich in sein Reich aufnimmt.

Ein Gänseblümchen

Ein Gänseblümchen das wir seh'n,
lässt manches uns besser versteh'n.
Das Zentrum kräftig, gelb und rund,
es tut uns Menschen strahlend kund:
Lass Jesus in dein Herz hinein,
lass ihn des Lebens Mitte sein.

Die Blütenblätter dicht an dicht
und doch berühr'n sie sich fast nicht.
Sie zeigen wie Gemeinschaft geht,
wenn jeder treu zum andern steht.
Geschöpfe Gottes sind wir alle,
sein Original in jedem Falle.

Der weiße Blütenkranz will sagen,
Vergebung dürfen wir erfahren.
Ist unsre Schuld wie Blut so rot,
wird sie schneeweiß durch Jesu Tod.
Am Kreuz trug er die Schuld der Welt,
damit der Mensch Frieden erhält.

Die Blüte kann in kleineren Dingen
uns Menschen sogar Heilung bringen.
Beruhigt die Haut und auch den Magen,
nimmt Juckreiz, wenn uns Stiche plagen.
Verdeutlicht so, dass Jesu Hand
heilt Seele, Körper und Verstand.

Das Blümelein kann man auch verspeisen,
das will aufs Abendmahl hinweisen.
Jesus gibt sich in Brot und Wein
und lädt an seinen Tisch uns ein.
Er will Gemeinschaft mit uns haben,
in jeder unsrer Lebenslagen.

WASSER

Von Pharaos Tyrannei befreit,
kommt Israel nicht wirklich weit.
Hinter ihnen des Feindes Heer,
vor ihnen lag das Rote Meer.
Wohin sollten sie sich nur wenden,
würden sie kläglich hier nun enden?
Doch Gott, er teilt die Wassermassen
um Israel durchzieh'n zu lassen

2. Mose 17,6

In der Wüste voller Frust,
ist Israel, hat großen Durst.
Mose schrie zu Gott: „Was soll ich tun?"
„Mit deinem Stab geh zum Horeb nun,
schlag mit ihm gegen den Fels,
er wird euch eines Wunder's Quell."
Bald aus dem Felsen Wasser fließt,
jeder die Köstlichkeit genießt

2. Mose 17,3–7

Die Menschheit wurde bös und schlecht,
darum hält Gott nun ein Gericht.
Alles was lebt sorglos und munter
geht in den Wasserfluten unter.
Nur wer sich in der Arche birgt,
Schutz vor dem Gericht erwirkt.
Kommst du ans Kreuz zu Jesus Christ
er für dich diese Arche ist.

1. Mose 6,5 ff

Im neuen Jerusalem fließt ein Strom,
er kommt direkt von Gottes Thron.
Er ist so klar und rein und glänzt
wie du's nur von Kristallen kennst.
Auf beiden Seiten der Baum des Lebens,
keiner sucht Heilung hier vergebens.
Hier möcht ein jeder gerne sein,
nur Jesus lädt dich dazu ein.

Offb. 22,1

Herr Jesus, dein „Es ist vollbracht"

Herr Jesus, dein „Es ist vollbracht"
hat mein Leben reich gemacht.
Der größte Reichtum ist die Gnade,
die mich umgibt in jeder Lage,
denn alles was ich bin und habe,
ist Ausdruck dieser reichen Gnade.

Herr Jesus, dein „Es ist vollbracht"
hat die Versöhnung mir gebracht.
Der Mensch hat sich getrennt von Gott,
das brachte Dunkelheit und Not.
Doch Jesu Tod auf Golgatha,
bringt Gottes Herz uns wieder nah.

Herr Jesus, dein „Es ist vollbracht"
hat mir die Türe aufgemacht.
Zu ist die Tür zum Paradies,
Sünde allein veranlasst dies,
doch Jesu Blut, am Kreuz vergossen,
hat Eden weder aufgeschlossen.

Herr Jesus, dein „Es ist vollbracht"
hat mich von Sünde frei gemacht.
Du trugst die Last der ganzen Welt,
hast dich dem Vater unterstellt.
Wer sich an dich und dein Wort bindet,
diese Freiheit für sich findet.

Herr Jesus, dein „Es ist vollbracht"
hat ewiges Leben uns gebracht.
Der Tod kann uns jetzt nicht mehr schrecken,
voll Hoffnung dürfen wir entdecken,
dein Tod, Herr, ist für uns das Leben,
mein Herz soll dich dafür erheben.

Herr Jesus, dein „Es ist vollbracht"
hat in mein Leben Sieg gebracht.
Ich muss im Kampf nicht unterliegen,
durch deinen Tod lässt du mich siegen
über den Feind und seine Macht,
dein Sieg scheint hell in jeder Nacht.

Herr Jesus, dein „Es ist vollbracht"
hat mir die Liebe nah gebracht.
Du kommst vom Himmel zu uns herab,
teilst unser Leben bis zum Grab.
Jeder, der dieser Liebe traut,
des Leben ist auf Fels gebaut.

CORONA

C. Christus will in diesen Zeiten
dir Kraft verleihen, dich begleiten.
Er bleibt dein Retter, bleibt dein Herr,
tobt auch der Virus noch so sehr.

O. Ohnmächtig scheint der Mensch zu sein,
doch grade da lädt Gott uns ein,
ganz neu auf seine Macht zu schauen
und jeden Tag neu zu vertrauen.

R. Rechne stets mit deinem Heiland,
der dich hält in seiner Hand.
Sein Handeln, das kennt keine Grenzen,
er kann zum Guten alles wenden.

O. Ordne alles Jesus unter,
so erlebst du manches Wunder,
dann müssen Furcht und Sorge weichen,
sein Friede wird dein Herz erreichen.

N. Neues schafft Gott immer wieder,
in der Not bleibt er der Sieger,
führt vom Nebel in die Klarheit,
denn er selber ist die Wahrheit.

A. Achte auf Jesus und sein Wort,
es ist für dich ein sich'rer Hort.
In ihm ist die Realität,
Gott hilft dir und kommt nie zu spät.

Der Fischzug des Petrus

Ein Fischer hat es oft nicht leicht,
bis er den Fisch zum Fang erreicht.
Schon in der Nacht da muss er geh'n,
wenn andre sich im Bett umdreh'n.
Bei Wind und Wetter muss er raus,
der Wellengang macht ihm nichts aus.

Das Risiko ist ihm vertraut,
doch er den Fang zum Leben braucht.
Da hängt seine Familie dran,
die ohne Fisch nicht leben kann.
Auch Petrus war ein solcher Fischer,
er ging ganz gern auf Nummer sicher.

Fuhr jeden Tag auf's Wasser raus,
warf sorgfältig die Netze aus.
Heut fährt er mit den Freunden los,
seine Erwartung ist recht groß.
Ein guter Fang wär heut perfekt,
denn er hat neulich erst entdeckt,

er könnt ein neues Netz gebrauchen,
doch reicht das Geld nicht, eins zu kaufen.
Er zieht das erste Netz heraus,
doch da sieht's mehr als mager aus.
Kein einz'ger Fisch hat sich verfangen,
das ist gründlich schief gegangen.

Heut bleiben alle Netze leer,
Petrus sorgt sich darüber sehr.
Er könnte sich die Haare raufen,
der Tag, er ist für ihn gelaufen.
Für heut verliert er jede Lust,
er ist enttäuscht und voller Frust.

Er fährt zurück und geht an Land,
und dort am Ufer Jesus stand.
Er ging fast unter in der Menge,
es war ein heftiges Gedränge.
Er bittet Petrus: „Fahr mich doch raus,
dann rede ich vom Boote heraus."

Als er beendet hat sein Reden,
geht er dem Petrus ruhig entgegen.
Er sagt und weist auf's Wasser raus:
„Geht, legt noch mal die Netze aus!"
„Herr, kein Fischer würde das je tun,
es wär völlig umsonst am Tage nun.

Wir haben die ganze Nacht gefischt
und keinen einz'gen Fisch erwischt.
Doch auf dein Wort hin will ich's wagen
und noch mal auf den See rausfahren."
Und sie erlebten Gottes Gunst,
entgegen jeglicher Vernunft.

Die Netze wurden berstend voll,
es war ein Wunder, einfach toll.
Die Netze rissen fast entzwei,
Petrus rief Hilfe sich herbei.
Die Boote fast im Wasser sanken
und Petrus konnte nur noch danken.

Er kniete sich vor Jesus hin:
„Geh weg, weil ich so sündig bin."
Doch Jesus sprach: „Fürchte dich nicht,
ich will ab jetzt gebrauchen dich.
Du sollst ein Menschenfischer sein,
der viele lädt zum Glauben ein."

Das was sie hatten blieb nun zurück,
Jesus bestimmt nun ihr Geschick.
Wie oft beherrscht unser Verstand
das was wir tun mit unsrer Hand.
Will unser Kopf auch manchmal nicht
das tun was Jesus zu uns spricht,

vertraue ihm, folg seinem Wort,
er löst es ein, denn er ist Gott.
Er kommt gewiss niemals zu spät,
auch wenn man's oft gar nicht versteht.
Er liebt dich und wird niemals ruh'n
für dich das Beste nur zu tun.

Ein Wunsch für dich

Sei gestärkt durch Gottes Kraft,
die in dir Mut und Willen schafft.
In dieser Kraft fang alles an,
damit es dir gelingen kann.

Sei wertgeschätzt durch Gottes Liebe,
sie wird ein Leben lang nicht müde.
Du bist so wertvoll, so geliebt,
dass er für dich sein Liebstes gibt.

Sei getragen durch Gottes Treue,
den Weg vor seinen Thron nicht scheue.
Mit allem darfst du zu ihm kommen,
er hat sich dir stets angenommen.

Sei umgeben von Gottes Gnade,
in der Nacht und auch am Tage.
All dein Lassen und dein Tun,
soll in Gottes Gnade ruh'n.

Sei beschenkt durch Gottes Segen
und streck die Hände ihm entgegen.
Er hält dich und beschenkt dich reich,
bist einem Königskinde gleich.

Du hast die Wahl

Jede Münze hat zwei Seiten,
das wird man ja wohl nicht bestreiten.
Soll unser Leben gut gelingen,
gibt Gott die Wahl uns aus den Dingen.

Er zwingt zu nichts, lässt uns den Willen
doch wird sein Wort sich stets erfüllen.
Darum sei klug und wähl besonnen,
dann hast das Beste du gewonnen.

Ohne Gott geht's in die Dunkelheit,
hinein in Sorge, Angst und Leid.
Doch Jesus Christus dir verspricht,
„Komm zu mir, ich bin dein Licht."

Das Gesetz zeigt ohne Frage,
wir werden schuldig alle Tage.
Jedoch sagt uns unser Erlöser,
„Meine Gnade ist noch größer".

Ewiges Leben, ewiger Tod,
vor diese Wahl da stellt uns Gott.
Wähl Jesus, der das Leben ist,
du ohne ihn verloren bist.

Triff diese Wahl am besten heut,
denn keiner hat es je bereut,
wer sich für Jesus hat entschieden,
erfuhr Vergebung, tiefen Frieden.

Wüstenzeiten

Jeder hat seine Wüstenzeiten,
die oftmals Kummer uns bereiten.
Man fühlt sich ausgebrannt und leer,
den Lebensweg zu gehn fällt schwer.
Es melden sich Sehnsüchte, Fragen,
so laut, wie selten sonst an Tagen.

Das was so selbstverständlich war
sehn wir auf einmal nicht mehr klar.
Dann hört man oft, ich kann nicht mehr,
wo kommt mir Hilfe jetzt nur her?
Doch wunderbar erlebt man da,
Gott ist grad in der Wüste nah.

Heißt deine Wüste Einsamkeit,
hast keinen Menschen weit und breit,
der mit auf deinem Wege geht,
in Schwierigkeiten zu dir steht,
Gott will mit dir Gemeinschaft haben
und durch die Einsamkeit dich tragen.

Heißt deine Wüste finanzielle Not,
sorgst manchmal dich ums täglich Brot.
Der Kampf zu leben fällt dir schwer,
die Sorgen plagen dich so sehr,
dann geh zu deinem Vater hin,
er sagt, ich dein Versorger bin.

Heißt Krankheit die Wüste in deinem Leben,
kannst Schmerz und Leiden nicht verstehen.
Sie nehmen dir die Kraft zum Leben,
und es will keine Hoffnung geben.
Gott lässt dich hier auch nicht allein,
er will dein Arzt und Helfer sein.

Heißt deine Wüste Depression,
läuft nichts mehr wie du es gewohnt.
Im Kopf sich die Gedanken drehn,
das Karussell, es bleibt nicht stehn.
Vertrau dich Gott dem Vater an,
er liebevoll dir helfen kann.

Fragst du warum das Leid, der Schmerz,
warum oft ein zerbrochnes Herz?
Willst du den Sinn des Wegs verstehn
musst du erst DURCH die Wüste gehn.
Durchquere sie an Gottes Hand,
er führt Schritt für Schritt in neues Land.

DER GEIST DER VERÄNDERUNG

Der Heil'ge Geist trägt Alt und Jung
auf Flügeln der Veränderung.
Spricht sanft und leise in dein Leben,
will liebevoll Wegweisung geben.

Dein Zögern wandelt er in Mut,
der ungeahnte Dinge tut.
Lässt Gott den Herren dich bekennen
die Dinge recht beim Namen nennen.

Verändert das Denken, ich bin schon recht,
das was ich tu ist ja nicht schlecht,
hin zur Erkenntnis deiner Schuld,
führt an das Kreuz dich voll Geduld.

Dein oft so passives Verhalten
will er in Taten umgestalten.
Lässt dich die Not der andern sehn,
mit ihnen ein Stück Weges gehen.

Wo du dich fühlst ganz schwach und klein,
dir seine Flügel Kraft verleihn.
In deiner Schwachheit will er nun,
durch dich ganz große Dinge tun.

Da wo du nur dich selber siehst,
dein eignes Ich wirklich sehr liebst,
geschieht Veränd'rung zum Gehorsam,
erkennt dein Herz als Herrn Gott an.

Aufhalten kannst du Veränderung nicht
sie in dein Leben ständig spricht.
Drum nimm diese Veränderung an
und sieh was dann geschehen kann.

DER ANKER

Da wo der Himmel die Erde berührt,
der Mensch die Liebe Gottes spürt,
dort auf Golgatha wirft er den Anker aus,
so sind wir verbunden mit seinem Zuhaus.

Die Ankerkette ist äußerst stabil,
ein jedes Glied etwas zeigen will.
In jedem tut sich eine Botschaft kund
bindet dich an Jesus, den festen Grund.

Das Glied der Liebe gibt den Wert,
den man sonst nirgendwo erfährt.
Gott liebt dich ganz bedingungslos,
sie lässt dich niemals wieder los.

Das Glied der Gnade ist ein Geschenk,
mit dem Gott täglich an dich denkt.
Was man allein nicht schaffen kann,
bietet dir die Gnade unverdient an.

Das Glied des Glaubens versetzt Berge,
bewirkt in Schwachheit große Werke.
Der Glaube verbindet dich mit Gott
und hält dich fest in seinem Wort.

Das Glied Gebet gibt sichern Halt
in jeder großen Sturmgewalt.
Sich im Gebet mit Gott verbinden
heißt im Herzen Frieden finden.

Das Glied Vertrauen hält dich fest,
weil Gott dich niemals fallen lässt.
Lass dich auf dies Vertrauen ein
und du wirst im sicher'n Hafen sein.

Das Glied der Hoffnung lenkt den Blick,
immer nach vorne, nie zurück,
rechnet mit Gottes Möglichkeiten,
bringt Ruh in turbulenten Zeiten.

Lass Jesus diesen Anker sein,
lass ihn in dein Herz hinein,
dann hat dein Leben Halt und Grund,
an jedem Tag, zu jeder Stund.

Entrückung

1. Petrus 3,7 ff

Dass Jesus wieder kommt ist wahr,
sein Wort verheißt es uns ganz klar.
Jedoch die Zeit, wann das wird sein,
weiß nur der Vater ganz allein.
Wir lesen, bevor er kommt, der Herr,
geschehen Zeichen rings umher.

Aufstehn werden falsche Propheten,
werden von falschen Dingen reden,
Erdbeben, Hungersnot, Verrat,
Liebe wird weniger Tag für Tag.
Drum heißt uns Jesus wachsam sein,
doch lässt er niemals uns allein.

Ist der Zeitpunkt dann gekommen,
wird mancher von der Erd' genommen.
In einem Augenblick verwandelt,
so Gott an seinen Kindern handelt.
Dann werden Jesus wir begegnen
gehen in den Wolken ihm entgegen.

Die, welche auf der Erde bleiben,
werden sich die Augen reiben.
Sie fragen sich und sind verstört,
hat sich der Mensch denn aufgelöst?
Denn wer grad noch bei ihnen war,
der ist auf einmal nicht mehr da.

Nicht aufgelöst, nein nur versetzt,
er ist bei seinem Heiland jetzt.
Dort gibt's kein Leid mehr, keine Träne,
nur noch das Wahre und das Schöne.
Von Jesu Liebe ganz umgeben,
darf er in Gemeinschaft mit ihm leben.

Wer daran glaubt, dass Jesus starb
und die Erlösung ihm erwarb.
Wer darum bittet, Herr, vergib,
Jesus von ganzem Herzen liebt,
den wird er in den Himmel holen,
der wird für ewig bei ihm wohnen.

Gott das Herz hinhalten

Das Herz ist ein zentraler Platz,
wir sollen's hüten wie 'nen Schatz,
denn was wir reden, denken, tun,
hat mit unserm Herz zu tun.
Drum will ich Gott mein Herz hinhalten,
er soll was drinnen ist verwalten.

Vom Herzen geht es ohne Schranken,
in den Kopf, in die Gedanken
und mancher erst recht spät entdeckt,
dass dies Begehrlichkeiten weckt.
Drum will ich Gott mein Herz hinhalten,
er kann mein Denken umgestalten.

Worüber ich mir Gedanken mache,
das äußerst sich bald in der Sprache.
Ich sage was mir wichtig ist,
dass man es nicht so schnell vergisst.
Drum will ich Gott mein Herz hinhalten,
und sein Wort nicht für mich behalten.

Das was der Mund gesprochen hat,
wird schließlich durch die Hand zur Tat,
doch bleibt mein Tun immer ein Stück
hinter des Herrn Anspruch zurück.
Drum will ich Gott mein Herz hin halten,
er kann mein Tun durch Liebe entfalten.

So halt ich Gott mein Herz nun hin,
weil ich mir völlig sicher bin,
ich kann nichts bessres tun im Leben,
als diesem Gott mein Herz zu geben.
So können Denken, Reden, Tun,
In seinem guten Willen ruhn.

Das Fest

Lukas 14,16–24

Die Sache mit dem Himmelreich,
ist folgender Geschichte gleich.
Ein Mann bereitet vor ein Fest,
das er sich etwas kosten lässt.
Ein wahrhaft exzellentes Essen,
den edlen Wein nicht zu vergessen.

Auch soll Musik und Tanz es geben,
etwas unvergleichlich Schönes eben.
Was er zum Schluss noch machen müsste,
wär 'ne konkrete Gästeliste.
Bald ging ein Diener dann auch los
und seine Stimmung war famos.

Wer würde nicht gern Menschen sagen,
du bist zu einem Fest geladen.
Der erste Gast sagt „Tut mir Leid,
ich habe leider keine Zeit
Ochsengespanne hab ich erworben
für die muss ich jetzt erst mal sorgen.
Der Nächste auch die Zeit nicht findet
und es plausibel so begründet:
„Ich habe ein Geschäft gemacht,
und mir ein Grundstück angelacht,
da muss ich jetzt zuerst mal gehen,
um es mir gründlich anzusehn.

Aufs nächste Fest freu ich mich sehr,
doch heute geht es nicht, mein Herr."
Der Dritte zu dem er gekommen,
hat eine Frau sich erst genommen.
Frisch verheiratet, verliebt,
er das Fest zur Seite schiebt.

Zu Haus zu bleiben sie beschließen,
sie wolln die Zweisamkeit genießen.
Was soll man dazu denn nun sagen,
da bleiben offen manche Fragen.
Wie soll er das dem Herrn berichten,
muss man nun auf das Fest verzichten?

So kehrt er nun nach Haus zurück
berichtet seinem Herrn bedrückt.
Der wird vor Zorn rot im Gesicht,
doch dann er zu dem Diener spricht:
„Geh auf die Straßen, geh zu jenen,
die ganz am Rand des Lebens stehen.

Lad' Bettler ein, Lahme und Blinde,
dass jeder sich zum Fest einfinde."
Die meisten konnten es nicht fassen,
freuten sich über alle Maßen:
„Was, ich? Ich darf zu einem Fest,
wo man mich sonst links liegen lässt?"

Der Diener erfüllt den Auftrag treu,
berichtet seinem Herrn aufs neu:
„Ich hab getan, was du gesagt,
hab viele Menschen noch gefragt.
Sie sind von Herzen gern dabei,
doch immer noch sind Plätze frei."

„Dann geh noch mal", befahl der Herr,
„und bring mir alle Leute her,
von Landstraßen und allen Wegen,
bring alle mit, die dir begegnen.
Ich möchte, dass das Haus wird voll
und dass das Fest wird einfach toll.

Doch die, die ich zuerst geladen,
da braucht kein einz'ger mehr zu fragen.
Sie bekommen keinen Bissen,
sie alle draußen bleiben müssen.
Für sie war'n andre Dinge wichtig,
das war für sie jedoch kurzsichtig."

Verurteil diese Leute nicht,
denn Gott auch heute zu dir spricht:
„Ich lad dich ein zu meinem Fest,
wünsch, dass du mich nicht stehen lässt."
Darum, worauf willst du noch warten,
kannst hier und jetzt zum Feste starten.

Die Waffenrüstung Gottes

Eph. 6, 11–17

Im Kampf da hat man einen Feind,
der's nicht grad gut mit einem meint.
Mit Tücken und bösen Absichten,
sucht er den Menschen zu vernichten,
kommt oftmals aus dem Hinterhalt,
vermittelt falschen Sachverhalt.

Auch Christen haben einen Feind,
obwohl es manchem nicht so scheint.
Was andre sagen ist hier egal,
Gott zeigt, der Satan ist real.
Der Teufel tritt denen entgegen,
die Jesu Wort voran bewegen.

Doch bevor wir kämpfen können,
müssen wir den Feind erst kennen.
Dabei hilft uns Gottes Geist,
der um des Feindes Schliche weiß.
Er heißt uns immer wachsam sein,
dann fällt man nicht auf ihn herein.

Kein Mensch sich uns entgegenstellt,
sondern die unsichtbare Welt.
Gott stellt 'ne Rüstung uns bereit,
die ist die Beste weit und breit.
Für jeden Angriff, den rechten Schutz
man sie nur selber anziehn muss.

Der Teufel greift an mit vielen Lügen,
will um die Wahrheit uns betrügen,
er lügt, stellt Dinge anders dar,
als das was Gott sagt und was wahr.
Der Gürtel der Wahrheit hält sicher fest,
was Gottes Geist erkennen lässt.

Der Feind greift die Gedanken an,
weil er da viel erreichen kann.
Gedanken einem Schlachtfeld gleichen
und wollen oftmals nicht mehr weichen.
Der Helm des Heils da jeden schützt,
der weiß, was er in Christus ist.

Den Panzer der Gerechtigkeit
hält Gott für unser Herz bereit.
Der Feind will unsern Selbstwert mindern,
das Wachstum hin zu Gott behindern.
Doch bist durch Jesus du gerecht,
dies Wissen des Gegners Kräfte bricht.

Gestiefelt mit robusten Schuhen,
die wir nicht tragen um zu ruhen.
Wir sollen zu den Menschen gehen,
das Wort von der Erlösung säen.
Verhindern will das stets der Feind,
weil er so zu siegen meint.

Der Schild des Glaubens uns beschützt,
sodass des Feindes Pfeil nichts nützt.
Denn auf sein Konto wird's gebucht,
wirst du beleidigt und versucht.
Drum nimm den Schild des Glaubens an,
dass man dich da nicht treffen kann.

Wollen wir im Kampfe siegen
müssen wir uns im Worte üben.
Der Geist gab uns das Wort als Schwert,
das Stolz und Hochmut ganz zerstört.
Das rechte Wort zur rechten Zeit
macht Menschen oft für Gott bereit.

STILLE

Komm zur Ruhe, werde still,
denn das bringt fürs Leben viel.
Tauch ein in Gottes Gegenwart,
er nicht mit seinem Segen spart.

Die Stille lädt mich dazu ein,
auch einmal ganz ich selbst zu sein.
Muss vor Gott keine Maske tragen,
ihm darf ich ehrlich alles sagen.

Die Stille zeigt mir Gottes Plan,
den er verfolgt von Anfang an,
wie sehr er mich, den Sünder, liebt,
und durch Jesus mir vergibt.

Was Gott mir schenkt, was ist sein Wille,
darf ich erkennen in der Stille.
Da fällt die Dankbarkeit nicht schwer,
denn ich erkenn, er liebt mich sehr.

Will Last und Sorge mich gefährden,
sie in der Stille kleiner werden,
denn Jesus ist es, der mich schützt
mich in der Stille unterstützt.

So lasst uns in die Stille gehen,
die Welt mit Gottes Augen sehn.
Mach dir bewusst, verpass es nicht,
wie Gott grad in der Stille spricht.

Schuld

Ein jeder Mensch trägt ein Paket,
auf dem das Wörtchen Schuld drauf steht.
Ein jeder diese Last gut kennt,
die ihn von Gott dem Vater trennt.
Was fang ich mit der Schuld nur an,
ob ich je ohne Leben kann?

So mancher will die Schuld verstecken,
es soll sie ja keiner entdecken.
Verborgen hinter der Fassade,
wirkt sie grad wie im Speck die Made.
Versteckte Schuld ist nicht vergeben,
sie ist trotzdem in meinem Leben.

Man kann Schuld auch auf andre schieben,
so viele diese Taktik lieben,
doch sie gelingt nur sehr bedingt
und ins Gewissen Unruh bringt,
denn diese Schuld ist nur verschoben
und lange noch nicht aufgehoben.

Es gibt gewiss nur einen Ort,
der mir die Last nimmt gänzlich fort.
Dort am Kreuz bei Jesus Christ,
mir alle Schuld vergeben ist.
Er wirft sie in das tiefste Meer,
danach drückt sie mich gar nicht mehr.

Gebet

Herr, ich bitt dich, gib mir Mut,
der in deiner Wahrheit ruht.
Lass mich vor Menschen dich bekennen,
die Dinge recht beim Namen nennen.
Nicht einfach tun, was jeder tut,
Herr, dazu schenk mir deinen Mut.

Herr, ich bitt dich, gib mir Glauben,
den nichts und niemand mir kann rauben.
Glauben, dass du mir vergibst,
mich ohne Vorbehalte liebst.
Den Glauben, der durchs Leben trägt,
der mich in meinem Handeln prägt.

Herr, ich bitt dich, gib mir Hoffnung,
sie hat für mich große Bedeutung.
Hoffnung lässt das Ziel mich sehen,
hilft schwere Wege weiter gehen.
Sie zeigt Wege, die führ'n in neues Land,
kann unbekannte Wege gehn an deiner Hand.

Herr, ich bitt dich, gib mir Liebe,
auf dass das Böse sie besiege.
In ihr weiß ich mich angenommen,
liebend bist du zu mir gekommen.
Hast mich erlöst, willst mich befreien
mit der größten Liebe aller Zeiten.

Herr ich bitt dich, gib mir Vertrauen,
auf dich will ich mein Leben bauen.
Dir überlass ich all mein Fragen,
will jeden Schritt mit dir Herr wagen.
Du enttäuschst Vertrauen nicht,
sei du auf meinem Weg das Licht.

Herr ich bitt dich, gib mir Kraft,
die allein es in mir schafft,
nach deinem Willen hier zu leben,
Und mein eignes Ich zu geben.
Zu Leben Herr nach deinem Plan,
mit deiner Kraft geschehen kann.

Amen.

WER IST DER WAHRE GOTT

1. Könige 18, 17–39

Im Land des großen Königs Ahab
es drei Jahre nicht geregnet hat.
Er weist die Schuld Elia zu,
doch dieser sagt, die Schuld hast du.
Du lässt dein Volk Baal anbeten,
da muss Gott einfach mit dir reden.

Ich will dir auf dem Karmel zeigen,
wer größer ist nun von den beiden.
Schick deine Priester, dass man erfahre
wer wirklich Gott ist, nun der wahre.
850 Priester sind dann da gekommen,
haben am Wettstreit teilgenommen.

Auch das Volk Israel man sieht,
es ist gespannt, was da geschieht.
Elia hält zuerst mal eine Rede.
Wie denn der Ablauf hier nun wäre.
Redet auch Israel ins Gewissen
und sagt, dass sie sich äußern müssen.

„Ihr habt euch, um euch anzupassen,
mit Baal dem Götzen eingelassen."
Nun sagt er ihnen klipp und klar,
dass ihr Verhalten sündig war.
„Wie lange noch sollt auf zwei Seiten
ihr hinken und euch Schuld bereiten?

Ihr müsst euch endlich mal entscheiden,
für einen Gott von diesen beiden.
Sollte der Herr der wahre Gott sein,
dann ändert euch, dient ihm allein.
Meint ihr jedoch Baal sei der rechte,
dann dienet ihm allein als Knechte!

Wer ist denn nun der rechte Gott,
Baal oder der Herr Zebaoth?
Genau das soll sich heut entscheiden,
wer wirklich Gott ist von den beiden.
Nun baut je Gruppe 'nen Altar,
wir bringen heut ein Opfer dar.

Schichtet das Holz sorgfältig auf
und legt das Opfertier darauf.
Doch keiner von euch Feuer mache,
denn das ist diesmal Gottes Sache.
Ihr Priester Baal's beginnt und betet
und seht ob er durch Feuer redet."

Den ganzen Tag lang unbestrittten,
sie ihren Gott um Hilfe bitten.
Verausgaben sich voll und ganz,
in Gebet, Gesang und Tanz.
„Baal, nimm doch unser Flehen wahr,
entzünd' das Holz auf dem Altar."

Doch nichts geschieht in all den Stunden,
Elia fängt nun an zu unken.
„Ist euer Gott grad nicht zu Hause,
macht vom Regieren er 'ne Pause?
Ist er wohl auf dem stillen Orte
und hört sie gar nicht eure Worte?"

Doch keine Antwort kommt, kein Laut,
auf was nur hatten sie gebaut?
Und nun war der Elia dran,
ob sein Gott mehr als Baal kann?
Jetzt baut Elia den Altar,
doch war er denn ein ganzer Narr?

Er macht 'nen Graben drum herum
und jeder fragt sich nur warum?
Dann weist er ein paar Leute an,
holt mir in Eimern Wasser ran.
Gießt dieses über Holz und Tier,
bis auch der Graben voll ist hier.

Dann hört Elia man laut beten
und im Vertrauen mit Gott reden:
„Herr, lass heut jeden hier erkennen,
nur du bist Gott der Herr zu nennen.
Ich tat dies alles auf deinen Befehl,
dass jeder merkt, er hat gefehlt.

Herr, antworte du jetzt auf mein Beten
erreich das Herz von einem jeden.
Als wahrer Gott uns hier erschein,
lass uns nur dienen dir allein.
Lass Feuer nun vom Himmel kommen,
wenn du dies Opfer angenommen."

Und eh man sich noch recht besonnen,
ließ Gott vom Himmel Feuer kommen.
Die Flammen zehren alles auf,
die Steine und was obendrauf,
sogar das Wasser in dem Graben,
die Menschen kaum zu atmen wagen.

Und Israel fällt auf die Knie
einhellig nun bekennen sie.
Der Herr allein ist unser Gott,
der Herr allein hilft aus der Not.
Kehr du auch um zu diesem Herrn,
er liebt dich und vergibt dir gern.

ANGST

Angst ist das Thema dieser Welt,
das uns ganz schön auf Trab oft hält.
Sie entsteht in den Gedanken,
die wir nicht weisen in die Schranken.

Türmt sich die Angst wie Wassermassen
du fühlst dich ganz und gar verlassen.
Bahnt einen Weg Gott vor dir her
wie damals durch das rote Meer.

Wird manchmal alles dir genommen,
du hast Angst, was wird noch kommen,
Gott nimmt sich deiner Ängste an,
wie er bei Hiob es getan.

Machen dir Menschen manchmal Angst,
weil du sie nicht verstehen kannst,
leg sie getrost in Gottes Hände,
so fand auch Goliath sein Ende.

Bist du krank, hast große Angst,
weil du um dein Leben bangst,
auch da kann Gott ein Wunder tun,
du wirst in seinem Frieden ruhn.

Hast du Angst im Glauben zu versagen,
dann lass es dir von Jesus sagen:
„Wer mich hat, hat das ew'ge Leben,
jedem der kommt will ich es geben."

In deinen Ängsten ist Gott nah
und er ist immer für dich da.
Ist auch die Angst ein Teil der Welt,
doch Gott sich ihr entgegenstellt.

JAHRESWECHSEL

Am Ende des vergangenen Jahres
zieh ich Bilanz und frag, wie war es?
Vieles war gut, manches war schlecht,
nicht alles was ich tat war recht.
Ich wurde oftmals sehr verletzt,
doch manches Mal auch wertgeschätzt.
Es gab viel Arbeit, Glück und Not,
doch in all dem wirkte Gott.

Nun geh ich in ein neues Jahr
und dabei wird mir ganz schnell klar,
ich weiß nicht, was da kommen wird,
wohin mein Lebensweg mich führt.
Doch besser als bekannte Wege,
als helles Licht auf dunklem Stege,
ist's, wenn ich Gottes Hand erfasse,
mich täglich von ihm führen lasse.

So geh ich in das neue Jahr
und weiß, es ist gewisslich wahr,
an keinem Tag bin ich allein,
Gott wird an meiner Seite sein.
Denn seine Worte gelten mir:
„Fürchte dich nicht, ich bin bei dir."
Und weil ich weiß, sein Wort ist wahr,
geh ich getrost ins neue Jahr.

Die Plagen

2. Mose 7,19 – 11,9

1. Wasser wird zu Blut

Der Nil war einem Gotte gleich
dort in Ägypten, in Pharaos Reich.
Er brachte Reichtum, brachte Brot,
da wo er floss, war keine Not.
Doch jetzt die Lebensader ruht,
Gott macht aus diesem Wasser Blut.

2. Frösche

Wenn tausende von Fröschen quaken
das kann einen doch wirklich plagen.
Auch stank das endlose Gewimmel
in Ägypten bis zum Himmel.
Doch von Gott Ptah der Fruchtbarkeit
war nichts zu merken weit und breit.

3. Stechmücken

Ne Riesenzahl von Stechmücken
führt nicht gerade zu Entzücken.
Aus Staub hatte Gott sie gemacht,
die Gottheit Seth zu Fall gebracht.
In Ägypten war er Gott des Lebens,
doch die Verehrung war vergebens.

4. Hundsfliegen

Hundsfliegen im Freien und im Hause
heißt schwirren und krabbeln ohne Pause.
Bei jedem Schritt da knirscht es oder knackt,
so manchen dabei Panik packt.
Was Ägypten in der Religion verehrt
hier Gott ins Gegenteil nun kehrt.

5. Pest über das Vieh

Nun lag die Pest auf allen Tieren,
der Gerichtsschlag Gottes war zu spüren.
Nur die Tiere der Israeliten,
nicht unter dieser Plage litten.
Der Gott der Medizin war Imhotep
und stand nun da grad wie ein Depp.

6. Blattergeschwüre an Menschen und Tieren

Danach schickt Gott der Herr die Pocken,
das ganze Leben kam ins Stocken.
Die Wahrsager standen hilflos daneben,
konnten nicht mal zu den Göttern beten.
Erneut war Imhotep hier überführt,
ihm keine Anbetung gebührt.

7. Schwerer Hagel

Hagel verwüstet das ganze Land,
keiner bei Nut die Hilfe fand.
Der Gott der Luft hat keine Macht.
Den Pharao hat's zum Denken gebracht.
Zum ersten Mal spricht er von Gott,
ahnt seine Götter sind bankrott.

8. Heuschrecken

Endlose Schwärme von Heuschrecken
des sturen Pharaos Land bedecken.
Was grün war, das war abgefressen,
das Ernten konnte man vergessen.
Der Gott der Heuschrecken, Seraja,
der hier beschützen soll, versagt da.

9. Dreitägige Finsternis

Drei Tage lang verschwand das Licht,
die Sonne sah man solange nicht.
Chepre, der große Sonnengott,
konnte nicht helfen aus der Not.
Auch ihn setzte Gott außer Kraft.
Nur Gott der Herr das Licht erschafft.

10. Die Tötung der Erstgeburt

Die Erstgeburt von Mensch und Tier
stirbt bei der letzten Plage hier.
Beim Menschen steht sie für das Geschlecht,
so trifft ganz Ägypten das Gericht.
Und Anubis der Totengott er ruht,
es rettet nur des Lammes Blut.

Das Zeichen des Fisches

Der Fisch, er war zu Neros Zeiten,
für Christen ein Erkennungszeichen.
Denn Nero, er war hartgesotten,
plante die Christen auszurotten.

Die Buchstaben, die am Anfang stehn,
lassen uns folgende Botschaft sehn.
Sie bilden ein erstes Bekenntnis,
zum Glauben auch in der Bedrängnis.

Ichtys heißt auf Griechisch Fisch,
er war Speise auf jedem Tisch.
Er war Symbol, andern zu zeigen,
„Ich liebe Jesus, bin sein eigen",

I steht für Jeus oder Jeschua,
er war immer für sie da.
Dieser Name machte Mut,
die Hoffnung, die er ga, war gut.

Ch steht für das Wort Christus.
Er empfing den Judaskuss,
litt selber Hohn, Spott und den Tod.
Sie trauten ihm, denn er ist Gott.

Thy steht für Gottes Sohn.
　　　Er verließ des Vaters Thron.
　　　Kam in die Dunkelheit der Welt,
　　　hat sich in ihre Not gestellt.

　S Das steht für das Wort Retter
　　　diesen brauchte wirklich jeder.
　　　Er rettet nicht nur aus der Not,
　　　er versöhnt auch Mensch und Gott.

Wie sieht mich Gott

Gott sieht in mir sein Ebenbild,
durch seinen Geist man in mir find,
etwas von Gottes Wesensart
durch ihn ich Liebe in mir trag,
kann sie verschenken so wie er,
an die Menschen um mich her.

Gott sieht mich als sein liebes Kind,
das Schutz an seinem Herzen find.
Ich bin geboren in seinem Schoß,
er liebt mich ganz bedingungslos.
Er ist treu, steht für mich ein,
lässt mich des Himmels Erbe sein.

Gott sieht mich an als sein Geschöpf,
sein Wirken ist noch nicht erschöpft.
Durch seinen Geist verändert er
mein ganzes Leben mehr und mehr.
Ich werd wie Gott mich hat gedacht,
durch Jesu Tod und Kraft gemacht.

Gott sieht in mir auch klar den Sünder,
so wie in jedem seiner Kinder.
Der Lohn der Sünde ist der Tod,
doch eine Lösung schuf mir Gott.
Durch Jesu Tod am Kreuz allein,
darf ich erlöst, begnadigt sein.

Gottes Kind

Fühl ich mich manchmal schwach und klein,
darf ich doch Kind des Vaters sein.
Des Vaters, der die ganze Welt
in seinen guten Händen hält.
Der mich sein Kind unsagbar liebt
und voller Güte nach mir sieht.
Darüber mein Herz dankbar singt,
ich bin und bleibe doch sein Kind.

Wenn ich mal eigne Wege geh,
weil ich die seinen nicht versteh,
zieht er sich von mir nicht zurück,
sondern geht mit mir Stück für Stück.
Rührt mich mit seiner Liebe an,
dass ich den Fehler sehen kann.
Hilft, dass zurück zu ihm ich find,
denn ich bin und bleib sein Kind.

Bin ich mal ängstlich und brauch Schutz,
weil's eigne Können gar nichts nutzt,
reicht der Vater mir die Hand,
gibt Sicherheit und festen Stand.
Sagt, hab keine Angst, ich bin bei dir,
für dich gibt's Sicherheit bei mir.
Beim Vater ich stets Zuflucht find,
denn ich bin und bleib sein Kind.

Und wenn an mir der Zweifel nagt,
es in Gedanken ständig fragt,
bin ich nicht eigentlich zu schlecht,
ist, was ich tue, vor Gott recht?
Was kann ich schon dem Vater bringen
an für ihn echt fruchtbaren Dingen?
Dann ich im Wort den Zuspruch find,
ich bin und bleibe doch sein Kind.

Weil Gott mein guter Vater ist,
trag ich froh den Namen Christ.
Seit ich sein Kind geworden bin,
geh jeden Tag ich zu ihm hin,
bin dankbar, dass er mir begegnet,
mich immer wieder reichlich segnet.
Wie hab ich's gut, ich weiß es stimmt,
ich bin und bleibe stets sein Kind.

Die Farben des Regenbogens

Ein Regenbogen am Himmel droben,
ist ein Versprechen von ganz oben.
In ihm zeigt Gott ich bin dir nah,
bin jeden Tag neu für dich da.

Im Rot spricht Gott, ich liebe dich,
du hast besondren Wert für mich.
Nichts soll von meiner Lieb dich trennen,
ich will als Kind dich anerkennen.

Im Orange verheißt Gott Heilung,
von Gebundenheit Befreiung,
er heilt dir das zerbrochne Herz,
kennt deine Sehnsucht, deinen Schmerz.

Im Gelb verspricht uns Gott die Reinheit,
die er zu geben ist bereit.
Jedem, der Jesus anerkennt,
vor ihm die Schuld mit Namen nennt.

Im Grün verspricht uns unser Gott,
ich gebe euch das täglich Brot.
Es soll nicht aufhörn Saat und Ernte,
dass mancher durch Vertrauen lernte.

Im Blau verspricht uns Gott das Leben,
will Wasser für das Wachstum geben.
Sorgt, dass nicht Mensch und Tier es fehle,
gibt Wasser des Lebens für die Seele.

Im Indigo verspricht Gott seine Macht,
die immer bleibt und immer wacht.
Gottes Macht das ist die Liebe,
die unser Bestes hat zum Ziele.

Im Violett verspricht Gott Weisheit,
die er schenkt aus der Ewigkeit.
Die Weisheit ist in Gottes Geist,
der uns den Weg zum Himmel weist.

SELIG IST ...

Die Bibel jenen selig nennt,
der seine Armut vor Gott kennt,
dem ist bewusst, dass er nichts kann,
was seinen Glauben bringt voran
und weiß, das was ich bin und habe,
ist ein Geschenk durch Gottes Gnade.

Selig wer trauert und erkennt,
wieviel vom Vater ihn noch trennt,
der Trauernde ist nicht allein,
Gott wird an seiner Seite sein,
hat seinen Beistand hier auf Erden,
denn er wird getröstet werden.

Selig ist, wer Mut hat, sanft zu sein,
er ist deshalb nicht schwach und klein.
Ein Leben ohne Gewalt und Macht,
hat oft Versöhnung schon gebracht.
Dim welcher kann in Sanftmut leben,
will Gott das ganze Erdreich geben.

Selig wer hungert nach Gerechtigkeit,
die Gott zu geben ist bereit.
Das, was kein Mensch erreichen kann,
hat Jesus dort am Kreuz getan.
Wer diesen Hunger in sich hat
macht Gott durch Jesus Christus satt.

Wer barmherzig ist, sich selbst vergisst,
in Gottes Augen selig ist.
Wir sollen unsern Nächsten lieben
und Barmherzigkeit an ihm üben.
Gott wird auch barmherzig seine
und seine Missetat verzeihn.

Selig wird ein jeder sein,
dessen Herz ist klar und rein.
Ein solches Herz nur Jesus gibt
dem, der ihn anerkennt und liebt.
Übereinstimmung von Wort und Leben,
wird der Geist Gottes ihm so geben.

Selig ist der, der Frieden stiftet
und nicht alles durch Streit vergiftet.
Wer nicht stets hat das letzte Wort,
strahlt Frieden aus an jedem Ort.
Wer nicht im Streit muss Macht beweisen,
der wird Gottes, Kind geheißen.

Selig auch wer Verfolgung leidet,
weil Gerechtigkeit ihm viel bedeutet.
Wer eintritt stets für Gottes Recht
und es geht ihm deshalb schlecht.
Dann ist er unaussprechlich reich,
denn ihm gehört das Himmelreich.

Wer verfolgt wird, weil er tut,
was von Gott gewollt und gut,
wer leidet Hass, Verfolgung, Hohn,
nur weil er nachfolgt Gottes Sohn,
der ist einem Sel'gen gleich,
hat großen Lohn im Himmelreich.

GLEICHNISSE UND WUNDER JESU

Gleichnisse haben einen Sinn,
führen zu tiefer Wahrheit hin.
So ist es auch in Gottes Wort,
wir sehn es bei Johannes dort.
Wir wollen hier einmal ergründen,
die Wahrheit die wir darin finden.

Einmal nimmt Jesus Fisch und Brot,
er segnet es und dankt dann Gott.
Dann teilt er aus, was er da hat,
5000 Menschen werden satt.
Jesus selbst das Brot im Leben,
will Nahrung unsrer Seele geben

Joh. 6,5–14

Ein Hochzeitsfest in Kanaan,
macht Freude doch ein Jedermann.
Doch Glück und Freude bald vergehen,
sie bleiben nicht ewig bestehen.
Anders die Freud, die Jesus schenkt,
sie ist nicht nur für den Moment.

Joh. 2,1–11

Krank war der Sohn eines Beamten,
die Ärzte keine Lösung fanden.
Er bittet Jesus für sein Kind,
bei ihm er endlich Hilfe find.
Den Segen kann uns keiner rauben,
wenn wir dem Wort von Jesus glauben.

Joh. 4, 46–54

Lazarus war krank und starb
doch Jesu Wort war klar und stark.
Er weckte Lazarus wieder auf,
keiner erahnt diesen Verlauf.
Auch uns führt er vom Tod zum Leben
und will uns alle Schuld vergeben.

Joh. 11, 1– 44

Ein Mann findet sein Leben trist,
weil er schon blind geboren ist.
Doch Jesus kommt und rührt ihn an,
damit er wieder sehen kann.
Auch unsre Blindheit rührt er an,
damit man Gott erkennen kann.

Joh. 9,1 ff

Seit 30 Jahren liegt ein Mann,
der sich nicht mehr bewegen kann,
am Teich Bethesda vor der Stadt
er keine Spur von Hoffnung hat.
Jesus heilt ihn, das ist famos.
Sein Lieben ist bedingungslos.

Joh. 5,1–16

Die Fischer arbeiten die ganze Nacht
und haben keinen Fang gemacht.
Jesus schickt sie gleich wieder los,
und das Ergebnis ist grandios.
Wir sollen Menschenfischer werden
in jedem Land bei uns auf Erden.

Joh. 21,2– 6

Ein Diamant

Ein Edelstein, ein Diamant,
das bist du in Gottes Hand.
Er sucht dich, lass dich von ihm finden,
er reinigt dich vom Schmutz der Sünden.

Im Dunkeln bist du nur ein Stein,
an dunklem Ort und meist allein.
Zum Strahlen bringt dich Jesu Licht,
das sich in deinem Leben bricht.

Dann fängt er dich zu schleifen an
und mancher nicht begreifen kann,
dass das, was dich im Leben trifft
nicht immer Gottes Strafe ist,

sondern sein Wirken, sein Gestalten,
er will in dir den Glanz entfalten,
der dem des Himmelreichs entspricht,
doch ohne schleifen geht das nicht.

Er wirkt durch Menschen, Krankheit, Schmerz,
manchmal durch ein verwundet' Herz.
Er bricht des Egos scharfe Kanten,
bringt Licht in dunkelste Gedanken.

Du solltest darin stille halten,
dass er dich kann ganz neu gestalten.
Er macht dich wertvoll, macht dich schön,
durch Jesu Kreuz kann das geschehn.

So bist auch du ein Diamant,
in Gottes guter Vaterhand.
Nun leite Gottes Liebe weiter
und werd für ihn zum Wegbegleiter.

RUTH

Ruth 1, ff.

In Bethlehem war Essen knapp,
die Leute wurden nicht mehr satt.
Es gab 'ne Hungersnot im Land,
deshalb nun Elimelech fand,
es wäre Zeit hier wegzugehen,
um anderswo sich umzusehen.

Mit Frau und Söhnen er nun flieht
und zu den Moabitern zieht.
Bald nehmen sich die Söhne Frauen
und lassen sich in Moab trauen.
Einer liebt Orpa, einer liebt Ruth
und alles war recht schön und gut.

Doch nach nicht allzu langer Zeit
Traf die Familie großes Leid.
Der Mann und auch die Söhne starben,
Noomis Herz war voller Narben.
Sie wollte wieder heimwärts gehn,
das konnte jeder gut verstehn.

Als Gott dann wieder Ernte gab,
zögerte sie nicht einen Tag,
bricht mit den Schwiegertöchtern auf,
geht wieder heim. Sie freut sich drauf.
Doch ganz zufrieden ist sie nicht,
sie zu den Schwiegertöchtern spricht:

„Orpa und Ruth, geht wieder heim,
mit Gott bin ich ja nicht allein.
Ihr habt viel Liebe uns gegeben,
so sollt auch ihr sie nun erleben!"
Und Orpa dreht nun wirklich um.
Doch Ruth gibt einfach gar nichts drum.

„Wohin du gehst, geh ich mit dir,
dein Volk, dein Gott, gehört zu mir.
Wo du bleibst, bleibe nun auch ich
und nur der Tod trennt dich und mich!"
Zu zweit setzen den Weg sie fort,
bis zu Noomis Heimatort.

Als endlich sie dort angekommen,
hat grad die Gerstenernt begonnen.
Die Leute man schnell reden hört:
„Noomi ist zurückgekehrt!"
Sie war nun zwar wieder zu Haus,
doch arm wie eine Kirchenmaus.

Sie hatten nicht mal was zu essen,
darum ging Ruth zum Ährenlesen.
Sie lief hinter den Schnittern her,
konzentriert sich darauf sehr.
Sie sammelt, was am Boden liegt,
sie ganz schön was zusammen kriegt.

So ging sie jeden Tag und schaute,
auf welchem Feld man's ihr erlaubte.
Als sie dann auf dem Feld von Boas
an einem Tag die Ähren las,
kam der zu ihr und grüßte sie,
die Herren taten das sonst nie.

Boas gefiel sehr gut Ruths Treue,
sie kam an jedem Tag aufs Neue.
Ruth war jung und auch sehr schön,
war richtig lieblich anzusehn.
Noomi fänd es wunderbar,
wenn Ruth und Boas wär'n ein Paar.

Und sie hat auch schon einen Plan,
wie man das unterstützen kann.
„Ruth, mach dich mal hübsch und fein,
nimm ein Bad, tu Duftöl rein,
denn Boas ist jetzt auf der Tenne,
dass er Spreu und Gerste trenne.

Wenn er sich hinlegt dann zur Ruh
und deckt sich warm und wohlig zu,
geh hin, deck seine Füße auf,
leg dich daneben, warte darauf,
was beim Erwachen er wird sagen.
Diesen Schritt sollst du jetzt wagen.

So etwa um die Mitternacht,
ist dann der Boas aufgewacht.
Er fragt erstaunt: „Was tust du hier,
verrätst du deinen Namen mir?"
„Ich bin Ruth und ging von Moab aus,
bin bei Noomi nun zu Haus.

Ich jetzt auf deine Hilfe bau
und frage, nimmst du mich zur Frau?
Du bist verwandt und hast das Recht,
Noomi ist aus deinem Geschlecht!"
„Ich möcht die Bitte gern erfüllen,
doch liegt's nicht nur an meinem Willen.

Da ist ein Verwandter, noch ein zweiter,
ohne ihn komm ich nicht weiter.
Nimmt er sein Recht jedoch nicht wahr,
dann ist es für mich sonnenklar,
dann werd mit Freuden ich dein Mann,
damit ich für euch sorgen kann!"

Und am Versammlungsplatz am Tor
bringt er sein Anliegen dann vor.
Zwischen den Männern wird geklärt,
wie man nun weiter hier verfährt.
Der andre nimmt sein Recht nicht wahr
und Boas freut sich, ist doch klar.

Und ist es auch kaum vorstellbar,
sie werden bald ein Ehepaar.
Und schließlich wird ihr Glück vollkommen,
als sie auch noch ein Kind bekommen.
Vorbei sind Sorgen nun und Leid,
ein neues Leben liegt bereit.

Das mutet wie ein Märchen an,
doch sowas man erleben kann,
wenn man nicht auf sich selber schaut,
sondern in Not auf Gott vertraut.
Er steht vor deiner Herzenstür,
machst du ihm auf, hilft er auch dir.

In Gottes Hand

Gib in Gottes Hand dein Leben,
nichts kann mehr Sicherheit dir geben.
Von dieser guten Hand getragen,
kannst du den Schritt ins Leben wagen.

Fehlt dir die Kraft, fehlt dir der Mut,
in Gottes Hand dein Leben ruht.
Sie ist zur Hilfe stets bereit,
trägt dich durch die schwere Zeit.

Greift man dich an, wirst du verletzt,
ist Gottes Hand es, die dich schützt.
Sie kann all diese Dinge wenden,
dass sie für dich im Guten enden.

Weißt du nicht wohin dein Weg dich führt,
was ist richtig, was verkehrt.
Dann greif die Hand, die Gott dir gibt,
er an ein gutes Ziel dich führt.

In Gottes Hand dein Leben geb,
das ist für dich der beste Weg,
von allen Seiten umgibt er dich
und opfert für dein Leben sich.

JESU LIEBE

Wie groß ist deine Liebe Herr,
darüber staun ich immer mehr.
Wen diese Liebe still berührt,
im Herzen deinen Frieden spürt.

Du Herr verlässt das Himmelreich,
wirst als Mensch uns Menschen gleich.
Aus Liebe Herr gabst du dein Leben,
Damit die Schuld wird mir vergeben.

Durch Liebe ist der Himmel offen,
ich darf wissen, nicht nur hoffen,
dass du Herr immer bei mir bist
und stets das hältst, was du versprichst.

Deine Liebe nimmt mir die Angst,
weil es nichts gibt, was du nicht kannst.
Seit meinem ersten Atemzug
meint's deine Liebe mit mir gut.

Deine Liebe ist die Wahrheit,
zeigt wer ich bin in ganzer Klarheit,
verändert mich, macht alles neu,
das alte Leben ist vorbei.

Herr, deine Liebe will ich leben
und sie andern weiter geben.
Will Menschen lieben und verstehn
und sie mit deinen Augen sehn.

Diese Liebe ist eine Person,
es ist Jesus, Gottes Sohn.
Vertrau dich dieser Liebe an,
weil das dein Leben ändern kann.

GOTTES „ICH WILL"

1. Mose 12,2

Gott sagt, „Mein Kind ich will dich segnen
und immer tiefer dir begegnen.
Dann sollst auch du ein Segen sein,
ihn tragen in die Welt hinein.

Jes. 43,2

Gott sagt, „Mein Kind ich will dich schützen,
dich halten, leiten, unterstützen.
In allen deinen Lebenslagen
wird meine starke Hand dich tragen."

Jes. 44,3

Gott sagt, „Ich will mein Wasser geben
auf durst'ges Ackerland und Reben.
Will meinen Geist auf euch ausgießen
und eure Kinder mit einschließen."

Hosea 14,96

Gott sagt, „Mein Kind ich will dich hören
und stets auf rechter Bahn dich führen.
Komm voll Vertrauen stets zu mir,
voll Liebe geb ich Antwort dir."

Ps 32,8

Gott sagt, „Ich will den Weg dir zeigen
und dich in allem unterweisen.
Du sollst nicht in die Irre gehen,
und immer besser mich verstehn."

Wegen dir

Weil du mich liebst, Herr, kann ich lieben,
auch Menschen, die mir nicht so liegen.
Weil du mich liebst, muss ich nicht sparen
darf großzügig mit ihr verfahren.
Lieben heißt zum Nächsten gehn
und ihn mit deinen Augen sehn.

Weil du vergibst kann ich vergeben
und so in deinem Frieden leben.
Ich trag nicht mit viel Weh und Ach
dem andern seine Fehler nach.
Der Unfriede wird durch dich weichen,
ich kann die Hand als erster reichen.

Weil du lebst, Herr, darf ich leben,
ew'ges Leben hast du gegeben.
Leben heißt mit Jesus sterben,
durch ihn das Himmelreich ererben.
Der Tod hat seine Macht verloren,
durch dich Herr, bin ich neu geboren.

Weil du mir gibst, Herr, kann ich geben,
muss nicht nur auf das Eigne sehen.
Aus deinem Reichtum Herr ich leb
und werd nicht ärmer wenn ich geb.
Drum will ich teilen was ich habe,
denn alles Herr ist deine Gabe.

Weil du der Weg bist, kann ich gehen,
muss nicht jeden Meter sehen.
Ich meine Hand in deine leg,
das ist für mich der beste Weg.
Du selber, Herr, gehst mir voran,
dass das Ziel ich finden kann.

FRUCHT DES GEISTES

Tragende Liebe ist die Geduld,
bewahrt uns manches Mal vor Schuld.
Geduld wächst in den Schwierigkeiten,
will uns den Weg zu Gott bereiten.

Jubelnde Liebe ist die Freude,
sie gibt uns Kraft für unser Heute,
Freude an dir ist's, die mich treibt,
und die in allen Lagen bleibt.

Ruhende Liebe ist der Frieden,
der über allen Streit wird siegen,
steht über meinem ganzen Denken
und wird ein ruhiges Herz mir schenken.

Leuchtende Liebe ist Freundlichkeit,
macht mich zum Helfen stets bereit.
Diese Frucht ist süß und gut,
weil sie des Herren Willen sucht.

Mitteilende Liebe ist die Güte,
die immer schon das Herz berührte.
Sie sucht den Nächsten, teilt ihm mit
die Botschaft, die zum Himmel führt.

Vertrauende Liebe ist die Treue,
entscheid dich jeden Tag aufs Neue,
Jesus dem Herren treu zu sein,
denn er lässt dich niemals allein.

Behutsame Liebe ist die Nachsicht,
die nicht im Vordergrund sich sieht.
Versucht den andern zu verstehn,
will mit ihm Gottes Wege gehn.

Disziplinierte Liebe, die man lebt,
ist Selbstbeherrschung, die sich regt,
weil diese Frucht nach außen wächst
dem andern Gottes Freiraum lässt.

GLAUBST DU DAS?

Glaubst du, dass Jesus ist der Herr,
dass keiner größer ist als er?
Lässt du ihn Herr sein ganz und gar,
wirkt er in dir ganz wunderbar.
Glaube dies und du wirst sehn,
dass wunderbares wird geschehn.

Glaubst du, dass Jesus der Retter ist,
dass durch ihn du frei von Sünde bist.
Zum Tod am Kreuz war er bereit,
so wirst du von der Schuld befreit.
Glaube das und du wirst sehn,
dass wunderbares wird geschehn.

Glaubst du, dass Jesus ist das Leben,
er will im Überfluss es geben.
Jedem, der ihm sich anvertraut
und auf seine Wahrheit baut.
Glaube das fest und du wirst sehn,
dass wunderbares wird geschehn.

Glaubst du, dass Jesus ist der Sieger,
du bist im Kampf nicht der Verlierer.
Ja selbst der Feind dir unterliegt,
weil Jesus ihn am Kreuz besiegt.
Glaube das fest und du wirst sehn,
dass wunderbares wird geschehn.

Herr, ich will gerne glauben dir,
hilf du dem Unglauben in mir.
Will in Gemeinschaft mit dir leben
und so dem Glauben Wachstum geben.
Dein Geist soll mir ins Herze reden
und meinem Geist Gewissheit geben.

DENNOCH

Wenn Menschen mich auch missverstehn
und wenn sie mich nicht wirklich sehn,
bleib ich dennoch Herr bei dir,
denn du siehst ins Herze mir.
Dies „dennoch", das der Hiob sprach,
sprach ich ihm immer wieder nach.

Werd ich verspottet und verlacht,
wirst du zum Vorwurf mir gemacht,
so bleib ich dennoch Herr bei dir,
denn du bist immer gut zu mir.
Dies „dennoch", das der Hiob sprach,
sprach ich ihm in den Kämpfen nach.

Werd ich verletzt und angegriffen,
von Leid oder von Schmerz ergriffen,
so trau ich Herr dennoch auf dich,
du lässt mich keinen Tag im Stich.
Dies „dennoch", das der Hiob sprach,
sprech ich ihm auch im Leiden nach.

Herr, denke ich, du hörst mich nicht,
weil laut der Zweifel in mir spricht,
so bleib ich dennoch, Herr bei dir,
denn deine Gnade gilt auch mir.
Dies „dennoch", das der Hiob sprach,
sprech ich ihm auch im Zweifel nach.

Bestimmt die Krankheit auch mein Leben,
scheint's keine Heilung mehr zu geben,
so bleib ich dennoch Herr bei dir,
denn du bist Arzt und Heiland mir.
Dies „dennoch", das der Hiob sprach,
sprech ich ihm in der Krankheit nach.

Werd ich schuldig vor dir Herr
und meine Sünde drückt mich sehr,
so bleib ich dennoch Herr bei dir,
ich weiß, am Kreuz vergibst du mir.
Dies „dennoch", das der Hiob sprach,
sprech ich ihm im Versagen nach.

SEGNE MICH

Vater, segne meine Augen,
dass sie zum klaren Blick mir taugen.
Lass mich die Dinge recht erkennen,
mit deinen Augen sehen lernen.

Vater, segne mir das Ohr,
dass ich auf das Gute hör,
dass ich wahrnehm deine Stimme
und das Ich zur Ruhe bringe.

Vater, segne meinen Mund,
dass er tu die Wahrheit kund,
denn nur sie bringt mir das Leben
und wird wahren Frieden geben.

Vater, segne mir die Hand,
dass im Tun es wird bekannt,
was deine Liebe mir getan,
dass du nimmst mich Sünder an.

Vater segne meine Füße,
dass sie niemals werden müde,
dein Wort in die Welt zu tragen,
jedem die gute Nachricht sagen.

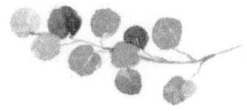

Das „aber" Gottes

Der Mensch ist oft des Menschen Feind,
weil er es gut mit sich nur meint.
ABER Gott ist voll Barmherzigkeit,
für den Sünder selbst zum Tod bereit.

Eph. 2,4–5

Der Mensch plant seinen Weg des Lebens,
doch manchmal scheint dies grad vergebens.
ABER Gott lenkt dessen Schritt,
der ihn auf diesem Weg nimmt mit.

Sprüche 16,9

Der Mensch sieht, was vor Augen ist
und die Dinge daran misst.
ABER Gott er sieht das Herz an,
und weiß warum du was getan.

1. Sam.16,7

Auch junge Menschen werden müde,
fallen im Leben, haben Mühe.
Aber Gott schenkt jedem große Kraft,
dass er es wie ein Adler schafft.

Jes. 40,30–31

Kämpfst du mit aussichtslosen Dingen,
die dich an deine Grenzen bringen,
so soll auch über deinem Leben,
ein großes ABER Gottes stehen.

GOTTES HAUS

Gott baut sein Haus, setzt Stein auf Stein,
auch du darfst einer davon sein.
Er als Bauherr hat einen Plan,
geht äußerst sorgfältig es an.
Ein jeder Stein in Gottes Hand
wird gestaltet, und gebrannt,
dass jeder an den Platz passt hin,
wo Gott es hat mit ihm im Sinn.
Einmalig wird des Steines Form,
denn bei Gott gibt's keine Norm.
Doch oft sind wir nicht grad zufrieden,
mit dem Platz der uns beschieden,
weil über uns der Stein, er drückt,
der neben uns er reibt und zwickt.
Doch Gott hat längst schon dran gedacht,
was das Miteinander möglich macht.
Er fügt so zwischen jeden Stein,
reichlich vom Mörtel Liebe ein.
Das Fundament, das Gott gelegt,
ist Jesus, der das Ganze trägt.
Auf ihm da steht das Haus ganz fest,
es sich durch nichts erschüttern lässt.
Das Haus, das man so wachsen sieht,
ist die Gemeinde, die Gott liebt.
Auch du darfst hier ein Baustein sein,
Gott fügt dich ins Gebäude ein.
Bist du am Platz den er bestimmt
Dein Leben tiefen Sinn annimmt.

Komm und sieh

Komm und sieh wie Jesus liebt,
der selbst sein Leben für dich gibt.
Seine Liebe ist rein, tief und groß,
lässt dich im Leben nicht mehr los.

Komm und sieh, wie Jesus heilt,
brauchst du Hilfe, er ist bereit.
Er sieht den Schmerz, reinigt, verbindet,
dass Leib und Seele Ruhe findet.

Komm und sieh, was Jesus gibt,
wie er in deinem Leben siegt.
Er schenkt dir alles, was du brauchst,
wenn du nur täglich auf ihn schaust.

Komm und sieh was Jesus tut,
er in des Vaters Willen ruht.
Er ist gehorsam bis zum Tod,
wird so für dich des Lebens Brot.

Komm und sieh, wer Jesus ist,
er, der dich nimmermehr vergisst.
Er ist treu, barmherzig gut,
er ist der, der Wunder tut.

Komm und sieh was Jesus wirkt,
was sich in ihm für dich verbirgt.
Er lässt dich ähnlicher ihm werden
und lässt das Himmelreich dich erben.

Willst du dich ihm nicht anvertraun
und auf ihn dein Leben baun?
Kommst du zu ihm, wirst du erkennen,
dein Leben kann ganz neu beginnen.

GEFÄSS GOTTES

Gott will verändern so dein Leben,
dass du ein Gefäß kannst werden,
das er gestaltet nach seinem Willen,
er wird es überfließend füllen.

Doch erst mal macht Gott alles leer,
denn alte Reste stören sehr.
Sie mit dem Neuen sich vermengen
und die Klarheit leicht verdrängen.

Danach wird das Gefäß gereinigt,
aller Schmutz gründlich beseitigt.
Gott sorgfältig all das entfernt,
was man als störend drin erkennt.

Dann erst füllt Gott es ganz neu auf,
achtet voll Lieb und Sorgfalt drauf,
dass das, was ins Gefäß er füllt,
auch anderer Menschen Mangel stillt.

So sei auch du nun jeder Zeit
ein solch Gefäß zu sein bereit.
Lass dich füllen mit Gottes Geist,
was sich als lohnenswert erweist.

VERGEBUNG

Wie bedrückend wär das Leben,
könnt man durch Jesus nicht vergeben.
Die Schuld dem andern nachzutragen,
belastet auch uns an allen Tagen.
Was Menschen einem angetan,
man einfach nicht vergessen kann.

Solche Verletzungen in dir,
sind grad wie eine offne Tür,
durch die die Bitterkeit zieht ein,
sie kann wie ein Gefängnis sein.
Hier ist Vergebung ein Entschluss,
den man erst einmal fassen muss.

Um von Herzen zu vergeben,
müssen wir auf Jesus sehen.
Verfolgt, verraten, hingerichtet,
er seinen Vater darum bittet:
„Vergib ihnen sie wissen's nicht,
dass mein Tod ist für sie das Licht."

Dies Licht erhellt auch deine Nacht,
weil's dir vergeben möglich macht.
Vergebung heißt nach vorn zu schau'n
und Neues wieder aufzubaun,
denn was am Kreuz du abgegeben,
beschwert hinfort nicht mehr dein Leben.

ERLEBNISSE EINES ESELS

Ein Esel lebt bei einem Herrn,
der für ihn sorgt, er hat ihn gern.
Das Futter war einfach genial,
er hat 'nen warmen Platz im Stall
und selbst an seinen Arbeitstagen
musste nie zu viel er tragen.

Die größte Freude war jedoch diese,
ein Sonnenbad auf seiner Wiese.
Doch dann wird ihm einmal bewusst,
am Zaun ist mit der Freiheit Schluss
und das Futter auf der andern Seite,
schien grüner als auf seiner Weide.

So nimmt er Anlauf und er springt
und so er diese Hürde nimmt.
Er freut sich und trabt glücklich los,
seine Erwartungen sind groß
auf das, was kommt und was geschieht,
auf alles, was er Neues sieht.

Bis jetzt ist alles wunderbar,
die Sonne scheint, die Luft ist klar.
Doch ganz allmählich knurrt der Bauch
und was zu trinken braucht er auch.
Langsam kommt nun auch die Nacht,
so hat er sich das nicht gedacht.

Tagelang irrt er umher,
jeder Schritt wird langsam schwer.
Doch dann sieht vor sich er ein Haus,
das sieht doch gar nicht übel aus.
Ein Scheunentor steht ganz weit offen,
das lässt den Esel wieder hoffen.

Tatsächlich wird er aufgenommen,
hat einen Platz im Stall bekommen,
bald jedoch bekommt er mit,
hier im Haus zählt nur Profit.
Er muss hier schwere Lasten tragen,
von früh bis spät an allen Tagen.

Die Futtermenge ist recht mager,
mit der Zeit wird er ganz hager.
Der Rücken schmerzt und er erkrankt,
da hat er deutlich dann erkannt,
wie gut war's vorher ihm ergangen,
was hatte Gutes er empfangen.

Doch jetzt war er einsam und krank
und niemand wirklich zu ihm stand.
Der Bauer will ihn nun verkaufen
und so sind sie zum Markt gelaufen.
Der Preis, den er erzielen wollte
ihm einiges noch bringen sollte.

Doch keiner wollte so ihn kaufen,
fast alle sind vorbei gelaufen.
Er war zu mager und zu krank,
die Leute hatten's gleich erkannt.
Dann drang 'ne Stimme an sein Ohr,
die kam doch sehr bekannt ihm vor.

Er schaut sich um, kann es nicht fassen,
er muss sich nicht mehr hängen lassen,
denn vor ihm steht sein Herr von früher,
und schaut voll Liebe zu ihm rüber.
Dann kommt er, zahlt den hohen Preis,
der Esel schämt sich, denn er weiß,

hätt er sich nicht so dumm benommen,
wär' es soweit gar nicht gekommen.
Nun weiß er, wohin er gehört,
nichts dieses Wissen mehr zerstört.
Er hat die Hilfe angenommen
und ist so wieder heim gekommen.

Auch wir haben so einen Herrn,
er sorgt für uns und hilft uns gern.
Doch wir fühlen uns oft eingeengt,
von seinem Willen gar bedrängt,
wir brechen aus und meinen dann,
dass man es selber besser kann.

Drückt dann der Sünde schwere Last,
du keine Luft zum Atmen hast,
dein Leben scheint dir sinnlos, leer
und keiner will dir helfen mehr,
dann will Jesus dein Retter sein,
er zahlt für dich und bringt dich heim.

Gottes Treue

Gott treu zu seiner Liebe steht,
die ewig ist und nicht vergeht.
Lass dich auf diese Liebe ein,
dann darfst ein Gotteskind du sein.

Gott ist in seiner Gnade treu,
sie ist jeden Morgen neu.
Vertrau dich dieser Gnade an,
nichts Bessres dir geschehen kann.

Gott hält stets treu was er verheißt,
sein Wort als Wahrheit sich erweist.
Es ist für dich das rechte Maß,
auf dieses Wort ist stets Verlass.

Gott ist stets treu an deiner Seite,
gestern, morgen und auch heute.
An jedem Tag er zu dir spricht:
„Ich bin bei dir, fürchte dich nicht."

JESUS KANN

Jesus kann deine Schuld vergeben,
er zahlt für sie mit seinem Leben.
Hat den Schuldbrief so zerrissen,
dass wir ihm nicht mehr fern sein müssen.

Jesus kann steinerne, kalte Herzen
durch warme, fleischerne ersetzen,
die Liebe empfangen und auch geben,
so erhalten sie ein reiches Leben.

Jesus kann segnend Kranke berühren
und sie zur Heilung sogar führen.
Am Kreuz nahm Krankheit er auf sich,
in dieser Kraft berührt er dich.

Jesus kann Kraft den Schwachen geben,
durch ihn dürfen den Kopf sie heben.
Er nimmt sich deiner Schwachheit an,
in ihr er durch dich wirken kann.

So viel mehr kann Jesus schenken,
als je wir erbitten oder denken,
ihm, dem Herrn, ist alles möglich,
drum vertraue auf ihn täglich.

FESTHALTEN

Was hält dich, wenn die Zeiten schwer,
wenn du mutlos bist und leer,
wenn du dich einsam fühlst, allein,
was kann dir dann noch Hilfe sein?

Nicht Gesundheit, Geld, Karriere,
denn das läuft oft auch ins Leere.
Nein, Gott ist es, der dich dann hält,
wähl ihn, dann hast du gut gewählt.

Halt fest daran, dass Gott dich liebt,
er dich zu seinem Herzen zieht.
An jedem Tag in deinem Leben
wird seine Liebe dich umgeben.

Halte immer fest an dem Vertrauen,
dann wirst du die Verheißung schauen,
dass Gott dich liebt, dass er dich trägt
und mehr und mehr dein Herze prägt.

Halte fest an deinem Glauben
und lasse ihn durch nichts dir rauben,
denn er ist dir ein Fundament,
das tief sich in dein Leben senkt.

Halte fest an dieser Hoffnung,
die in Gott hat ihren Ursprung.
In ihr erwartest du das Heil,
das dir durch Jesus wird zuteil.

Halt fest an dieser Zuversicht,
Gott der Herr verlässt dich nicht.
Er ist den König, Hirte, Herr,
keiner versteht dich so wie er.

An Gottes Wort da halte fest,
es nicht zuschanden werden lässt.
Es gibt dir Halt, Kraft, Trost und Mut,
in ihm die ganze Wahrheit ruht.

ADVENTSKERZEN

Die erste Kerze und ihr Licht
ganz deutlich mir ins Herze spricht.
Es gibt nur einen Schöpfergott,
der für mich besiegt den Tod.

Der zweiten Kerze helles Licht
zeigt uns der Bibel wahre Sicht,
dass zwei eine Gemeinschaft sind,
wenn man sie nah bei Jesus find'.

Die dritte Kerze will mir sagen,
dass die Dreieinigkeit wird tragen.
Vater, Sohn und Heil'ger Geist,
den rechten Weg im Leben weist.

Der vierten Kerze helles Licht
von Gottes Schöpfungstaten spricht.
Am vierten Tag schuf er das Licht,
das auch durch dunkle Wolken bricht.

Psalm 121

Ist dein Leben voller Fragen,
gibt es Sorgen, die dich plagen,
will vieles ziehen dich zu Boden,
heb deinen Blick und schau nach oben.

Zu ihm, der Erd und Himmel schuf,
zum Herren voll vertrauen ruf.
In seiner Hand er alles hält,
er lässt nicht zu, dass jemand fällt.

Gott ist auf deinem Weg ein Licht,
der dich behütet, er schläft nicht.
Ja, der Herr gibt auf dich acht,
am Tage und auch in der Nacht.

Der Herr, dein Gott, er ist und war
bei dir wenn du bist in Gefahr.
Bei jedem Schritt und jedem Tritt,
geht er dein guter Vater mit.

AUFERSTANDEN

Auferstanden ist der Herr,
er ist nicht tot, das Grab ist leer.
Nur das Grabtuch liegt noch da,
keiner glaubt, was er da sah.

Auferstanden ist der Herr,
der Tod hat seine Macht nicht mehr,
um Angst und Schrecken zu verbreiten,
er ist besiegt für alle Zeiten.

Auferstanden ist der Herr,
das ändert unser Leben sehr.
Sein Geist, den er ins Herz uns gibt,
uns in die Wahrheit Gottes führt.

SEHNSUCHT

In deinem Herz die Sehnsucht wohnt,
nach einem Leben, das sich lohnt,
nach Liebe, die nicht berechnend ist,
die dich nimmt so wie du bist.
Jesus ist Liebe in Person,
er liebt dich von Geburt an schon.

Du möchtest gern geborgen sein,
vertrauen können, das wär fein.
Komm zu Jesus, nur er verspricht:
„Ich bin bei dir, verlass mich nicht."
Noch nie hat er sein Wort gebrochen,
er hält, was er dir hat versprochen.

Bei Jesus bist du so viel wert,
dass er auf deine Worte hört.
Er nimmt dich ernst, nimmt dir die Schuld,
geht mit dir um stets in Geduld.
Er setzt sein Leben für dich ein,
lässt in der Not dich nicht allein.

Jesus breitet die Arme aus
und wartet bis du kommst nach Haus.
Will dir erfülltes Leben geben,
mit ihm kannst Wunder du erleben.
Tu diesen Schritt am besten heut,
das hat noch nie jemand bereut.

Der gute Hirte

Psalm 23

Ein guter Hirte ist der Herr,
einer ist so treu wie er.
An jedem Tag sorgt er für dich,
denn er liebt dich inniglich.
Was du brauchst in deinem Leben,
will dir der gute Hirte geben.

Um seines guten Hirten Willen
wird er dir Durst und Hunger stillen.
An frischen Quellen, grünen Auen
kannst du seiner Fürsorg' trauen.
Auch deine Seele macht er satt,
durch's Wort, das er gegeben hat.

Sein Name es dir garantiert,
dass er den rechten Weg dich führt,
selbst wenn du eig'ne Wege gehst,
geht er dir nach, holt Stück für Stück
dich auf den rechten Weg zurück.

Und kommt einmal dein letzter Tag,
vor dem ein mancher zittern mag,
siehst du dem Tod ins Angesicht,
hab keine Angst, fürchte dich nicht.
Mit seinem Stab und mit Bedacht
bringt er dich auch durch diese Nacht.

Lagern selbst Feinde um dich her,
deckt dir den Tisch der gute Herr.
Den Frieden darf denen nichts rauben,
die diesem Hirten fest vertrauen.
In seiner Gegenwart bist du geborgen,
denn er wird immer für dich sorgen.

Des Hirten Güte und Barmherzigkeit
werden mir folgen allezeit.
Er sorgt für mich, ist für mich da
drum bleibe ich ihm immer nah.
In seinem Hause werd ich bleiben,
jetzt und in alle Ewigkeiten.

ICH WILL VERTRAUEN

Ich möchte wie ein Kind vertrauen
und nur auf Gott den Vater schauen.
Ist mein Problem groß wie ein Berg
und ich, ich fühl mich wie ein Zwerg,
weiß ich, mein Gott ist groß genug,
dass er, was ich nicht kann, mir tut.

Vertrauen schenkt mir Zuversicht,
ich fürchte mich beim Vater nicht,
denn ich weiß, er wird mir geben,
was ich brauch in meinem Leben,
wird mich schützen und bewahren,
das darf ich als sein Kind erfahren.

Ich will vertrauen auf die Weitsicht,
von der in seinem Wort er spricht.
Gott kennt das, was ich tu und lasse,
kennt was ich liebe, was ich hasse.
Weil er kennt meinen Lebensweg,
ich meine Hand in seine leg.

Ich will vertrauen auf die Aussicht,
die Gott der Vater mir verspricht.
Ein Leben ohne Not und Leid,
hält er im Himmel mir bereit.
So will ich wie ein Kind vertrauen,
auf Gott, den guten Vater schauen.

Das Handwerk des Christen

Wenn ich die dunklen Kräfte spür,
die um mich kämpfen, jetzt und hier,
dann darf ich meine Hände faltn,
durch Jesus Christus Sieg erhalten.

Bin kraftlos ich und ausgebrannt,
nichts gelingt mehr meiner Hand,
kann ich doch noch die Hände falten,
von Jesus neue Kraft erhalten.

Verstehe ich die Welt nicht mehr,
Ratlosigkeit rings um mich her,
dann darf ich meine Hände falten,
aus Gottes Wort Weisheit erhalten.

Denk ich mein Glaube ist zu klein,
ich kann nicht so wie Gott will sein,
dann darf ich meine Hände falten,
den Glauben wird Jesus entfalten.

Hab ich Furcht vor dem was kommt,
ob sich das Leben wirklich lohnt,
dann darf ich meine Händ falten,
denn Jesus wird mich ewig halten.

Dies Handwerk, es ist sehr solide
und darum werd' ich niemals müde,
meine Hände treu falten
und Jesus alles hinzuhalten.

JESU LIEBE

Jesu Liebe ist so groß,
lässt des Himmels Reichtum los,
kommt zur Erde, wird schwach und klein,
will Mensch unter uns Menschen sein.

Jesu Liebe ist so mächtig,
ist jeden Tag uns gegenwärtig.
Sie trägt im Leid und auch im Schmerz,
richtet den Blick uns himmelwärts.

Jesu Liebe ist ganz echt,
sie pocht nicht auf ihr gutes Recht.
Sie trägt die Schuld der ganzen Welt,
hat sich dem Sünder gleichgestellt.

Jesu Liebe gilt auch dir,
klopft an deine Herzenstür.
Mach ihr auf und lass sie ein,
dann wird dein Herz voll Friede sein.

GOTTES WORT

Gottes Wort, das ist die Wahrheit,
bringt in dein Leben neue Klarheit.
Zeigt dir die Liebe, die Gott hat,
was er für dich, den Sünder, tat.

Gottes Wort ist Orientierung,
in deinem Leben echte Führung,
auf deinem Weg ist es ein Licht,
das durch das größte Dunkel bricht.

Gottes Wort, es ist lebendig
und wirkt in dir ganz tief inwendig.
Zeigt auf, was wirklich wichtig ist,
wer du in Gottes Augen bist.

Gottes Wort ist wie ein Schatz,
schaff ihm in deinem Herzen Platz,
dann bist du reich und voller Frieden,
drum lasst uns Gottes Worte lieben.

Gottes Wort ist wie ein Schwert,
das tief hinein ins Herz dir fährt,
trennt Mark und Bein, trennt Fleisch und Geist,
was Wachstum stets im Glauben heißt.

Die Fürsorge Gottes

Es mag an manchen Tagen sein,
dass du dich fühlst gänzlich allein,
doch glaube dem Gefühl nur nicht,
denn Jesus Christus zu dir spricht,
„Ich bin an jedem Tag bei dir,
heute und morgen, jetzt und hier."

Wird es schwierig, wird es ernst,
dann du die Menschen kennenlernst,
man lässt dich fallen, sucht das Weite
und keiner ist an deiner Seite,
dann geh zu Jesus, er verspricht,
ich bin bei dir, verlass dich nicht.

Die Liebe kommt, die Liebe geht,
es so wohl in Romanen steht.
Jesu Wort allein verspricht's,
„Von meiner Liebe trennt dich nichts."
In uns wird diese Liebe brennen,
dass andere wir leben können.

Jesus macht keine halben Sachen,
er will ganz neu die Dinge machen.
Er deinen Geist, dein Herz erneut,
dein Leben von der Schuld befreit.
Du wirst im Geist ganz neu geboren,
bist ewiglich nicht mehr verloren.

Siehst du kein Land in deinem Leben,
scheint's Widrigkeiten nur zu geben,
dann geh zu dem, der alles kann,
vertrau dich Jesus Christus an.
Er sieht die Not und hilft dir gern,
nichts ist unmöglich deinem Herrn.

ÜBER DIESES BUCH

Es ist für Menschen gedacht, die sich womöglich mit der Bibel bisher nicht so gut auskennen. Vielleicht können sie auf diese Art und Weise dazu angeregt werden, den Schatz des Wortes Gottes zu suchen und zu finden.

Es ist aber auch für solche, die diese biblischen Geschichten schon 100 Mal gelesen haben und immer noch bereit sind, Neues darin zu entdecken.

Die Autorin

Heidi Rist, geboren 1956, ist ehemalige Krankenschwester, Ehefrau und zweifache Mutter sowie Großmutter.
Im Berufsleben und im Alltag hat sie Gott immer mit einbezogen und erlebt, wie wichtig es ist, den Menschen in Ihrem Umfeld Glaubenszeugnisse zu erzählen. Dies und das Wort Gottes bringt sie durch Gedichte zum Ausdruck und lädt somit zum Glauben an Jesus Christus ein.

Der Verlag

*„ Wer aufhört
besser zu werden,
hat aufgehört
gut zu sein!*

Basierend auf diesem Motto ist es dem novum Verlag ein Anliegen, neue Manuskripte aufzuspüren, zu veröffentlichen und deren Autoren langfristig zu fördern. Mittlerweile gilt der 1997 gegründete und mehrfach prämierte Verlag als Spezialist für Neuautoren in Deutschland, Österreich und der Schweiz.

Für jedes neue Manuskript wird innerhalb weniger Wochen eine kostenfreie, unverbindliche Lektorats-Prüfung erstellt.

Weitere Informationen zum Verlag und
seinen Büchern finden Sie im Internet unter:

w w w . n o v u m v e r l a g . c o m